近代国家建設の大事業

明治憲法の真実

MEIJI KENPOU
Ito Tetsuo

伊藤哲夫

致知出版社

明治憲法の真実

目次

序章　明治憲法最後の日

第一章　五箇条の御誓文から始まった明治憲法

第二章 いかなる憲法をつくるか

第三章 明治憲法成立

最終章　日本国憲法を考える

装幀―川上成夫
本文デザイン―奈良有望
イラスト―古賀政男
写真―国立国会図書館蔵
国立公文書館蔵

序章　明治憲法最後の日

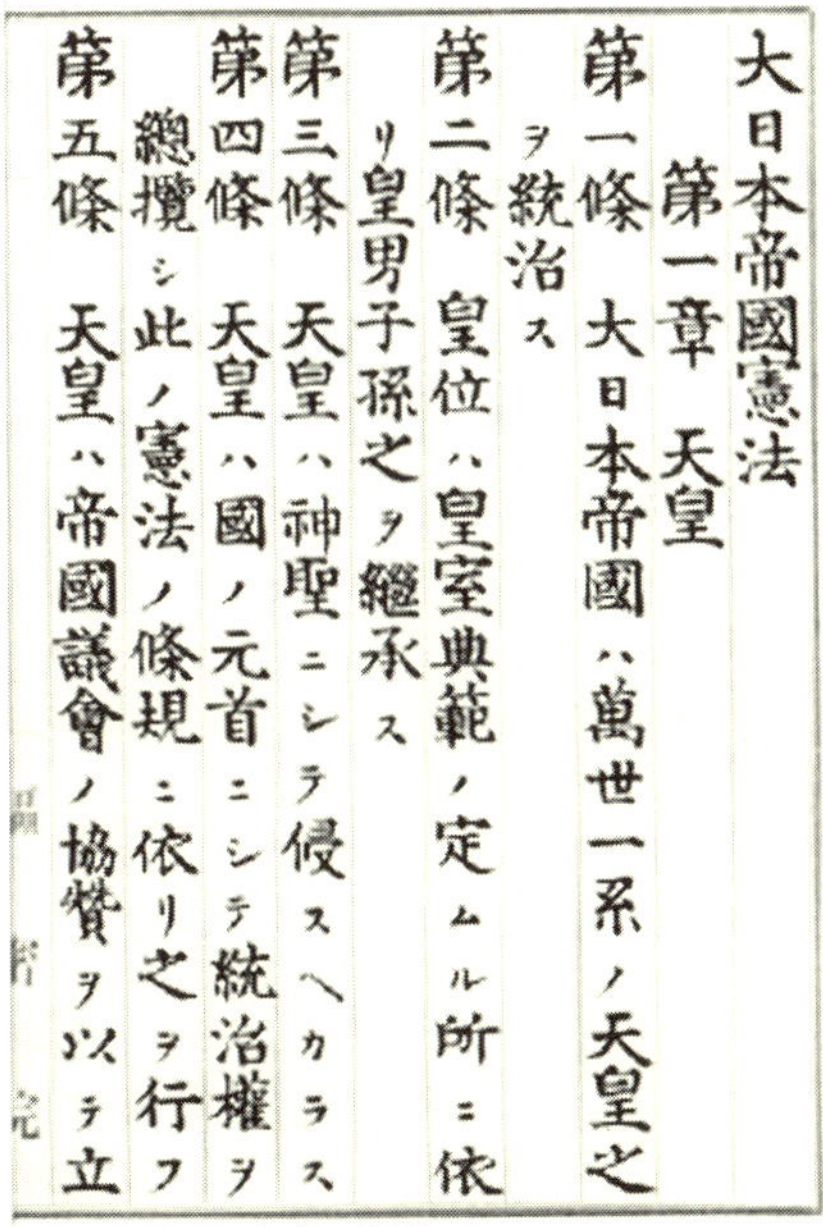

大日本帝國憲法

第一章　天皇

第一條　大日本帝國ハ萬世一系ノ天皇之ヲ統治ス

第二條　皇位ハ皇室典範ノ定ムル所ニ依リ皇男子孫之ヲ繼承ス

第三條　天皇ハ神聖ニシテ侵スヘカラス

第四條　天皇ハ國ノ元首ニシテ統治權ヲ總攬シ此ノ憲法ノ條規ニ依リ之ヲ行フ

第五條　天皇ハ帝國議會ノ協賛ヲ以テ立

明治憲法（大日本帝国憲法）

憲法に殉じた二人の碩学

戦争が終わった翌年の昭和二十一年十月五日。例年より暑かった夏もようやく終わり、東京では徐々に秋の色が深まろうとしておりました。

帝国議会では、この年の春から提出されていた帝国憲法改正案を承認するかどうか、審議《しんぎ》は最終段階を迎えておりました。

この日、その帝国議会貴族院の壇上に立ったのは一人の憲法学者でした。その名は佐々木惣一《そういち》博士。当時の日本を代表する最高の憲法学者（京都帝国大学名誉教授）であり、同時に戦前は学問の自由のために、軍部の圧力に敢然《かんぜん》と抵抗したことでも知られる信念の学者でもありました。そんな経歴もあり、この年、貴族院の勅撰《ちょくせん》議員に任ぜられた佐々木博士は、まさに運命の糸に導かれるかのごとく、この憲法改正審議における渦《か》中《ちゅう》の人となっていたのです。

その前日、博士は一人、帝国憲法をご制定になられた明治天皇を祀る明治神宮を訪れておりました。終戦から約一年の明治神宮は、なお参拝に訪れる人の数はまばらであり、

序　章　明治憲法最後の日

寂寥《せきりょう》の感は博士の心を強く締めつけました。しかしそんな中、博士は翌日に議院壇上で務めることになる自らの重大任務につき、ただただ清浄の心になりきることのできるよう、神前に祈りを込めたのです。

その参拝の帰路、博士の胸裡《きょうり》にさらに一年前の記憶がよぎりました。一年前のその日もまた、博士は明治神宮を参拝していたのです。

事の発端《ほったん》は終戦からまだ二か月も経たない十月のことでした。近衛文麿《このえふみまろ》公爵とともに博士は「内大臣府御用掛《ごようがかり》」に任命され、昭和天皇から「憲法改正の必要があるか否か、あるとすればその範囲はいかなるものか」というご下問を受け、それを考査する大役に急遽《きゅうきょ》任じられていたのです。

命を受けた博士は高齢をものともせず京都から上京。箱根宮ノ下の「奈良屋」という旅館をあてがわれ、朝は遅くとも四時、早いときは二時に起床、夜は十時、遅いときは十二時過ぎに床につくという心魂込めた憲法考査の作業に没頭されたのです。博士は一日中机の前に端座《たんざ》し、ただ黙々と仕事に打ち込まれました。

むろん、そんな博士を駆り立てたのは、ただ一つ、「皇室と国家の前途はいかにあるべきか」という、その一点を思う憂国《ゆうこく》の至情《しじょう》でありました。「その姿はまさに古《いにしえ》の名僧が道場にこもられての修行のごとくであった」とは、そのとき助手を務めた憲法学者・磯崎辰五郎《いそざきたつごろう》の証言です。

かくてその約一か月後の十一月二十三日。作業は終わりました。

「勅旨《ちょくし》を畏《かしこ》み、近衛内大臣御用掛《ごようがかり》と力を協《あわ》せ、心を潜《ひそ》めて考査し、漸《ようや》く其の結果を得たり。茲《ここ》に帝国憲法改正の必要と題し、所見を具《そ》へ、恭《うやうや》しく叡覧《えいらん》を仰ぎ奉る……」

これが奉答書冒頭の書き出しでした。翌日、その内容を説明する陛下への御進講《ごしんこう》が行われました。陛下は終始熱心に佐々木博士の進講に耳を傾けられました。

「なんという有り難さ」

博士はただただ感激に打ち震えるばかりでした。

御進講の後、博士は宮中からそのまま一路、明治神宮に向かいました。明治憲法をご制定になられた明治天皇に、無事作業が終了した旨の報告を行うためです。時は敗戦直後、境内には訪れる人の姿はほとんどなく、神域は荒れ果てたままでした。葉を落とした神宮の森の木々の間を、十一月の冷たい風が吹き抜けていきます。そのとき、博士の胸に次のような一句が浮かびました。

から風や社頭《しゃとう》に祈る老一人

そして、その一年後のこの日、二十一年十月五日、博士はマッカーサーの命令下、帝国議会に上程されていた帝国憲法改正案に対し、それを「不可」とする反対演説をすることとなっていたのです。

占領政策の厳しかった当時、マッカーサー監視下の貴族院でそのような演説をすることは真に勇気のいることでした。むろん、そのことでどのような圧迫を受けることになるか、予測はつきません。しかし、たとえ死刑になっても、憲法学者としてこの改正案に賛成はできない、というのが博士の信念でありました。

「私は帝国憲法改正案反対の意見を有するものであります。この意見を、わが貴族院の壇上《だんじょう》において述べますことは、私にとって実に言いがたき苦痛であります。今日帝国憲法を改正することを考えることそのことは、私も政府と全く同じ考えでありますが、ただ今回提案の如くに改正することは、私の賛成せざるところであります。冒頭、私が帝国憲法改正案に対しまして、賛否を決するに当って、いかなる点に標準をおくかということについて一言いたします」

博士はこう前置きをした上で、まず憲法を考えるに当たっての自らの基本的視点を提示し、つづけて十項目にわたり、憲法改正案がいかに不適切なものであるかを述べたのです。まさにそれは博士のみがなし得る根本的な問題点の指摘でもありましたが、しかし博士がそれを超えて何よりも訴えたかったのは、要は「憲法改正案は国体の否定に結びつく改正案に他ならない」という一点でした。

その演説は実に一時間以上におよびました。演説は次のように結ばれました。

「帝国憲法はみなさんご存じのとおりに、明治天皇が長年月にわたり、わが国の歴史に徴し、外国の制度の理論と実際とを調査せしめ給い、その結果につきご裁定になったものであります。その根本は、政治を民意と合致して行い、また国民の自由を尊重して政治を行うという原理に立っているのであります。加うるに、明治天皇は憲法制定の事務をお考えになったのみでなく、ご一個として、明治維新以来つとに民意政治を原理とするの必要を思わせられまして、そうしてそのご教養のために、あるいはわが国に学者を招いて外国の書を講ぜしめ給い、あるいは侍臣をイギリスに派遣せられまして、その制度を研究せしめ給うたのであります。（中略）

かくのごとく上に聖天子《せいてんし》あり、下に愛国先覚《あいこくせんかく》の国民あり、また事務的に精励《せいれい》の当局あり、かくのごとく上下一致して長年月の努力の結果、ようやくにして成立しましたところの帝国憲法が、その発布以来今日にいたるまで幾十年、これがいかに大いにわが国の国家の発展、わが社会の進歩に役立ったかは、ここに喋々《ちょうちょう》するまでもありません。その憲法がいま一朝にして匆々《そうそう》の間に消滅の運命にさらされているのであります。実に感慨無量《かんがいむりょう》であるのであります」

博士の演説が終わると、議場には嵐のような拍手が巻き起こりました。

しかしながら、憲法改正案の承認は変更することの許されぬ占領軍の既定方針でもありました。いかに反対を表明しようが、貴族院全体が反対に決することはあり得なかったのです。翌日の六日、貴族院で改正案が可決されたとき、議場は一瞬静まり返り、その後、議員たちの嗚咽《おえつ》の声が議場をおおったといいます。

ちなみに、以下は博士の代表的著書『日本憲法要論』の中の「帝国憲法の由来」と題された部分の一節です。

「知るべし、我国が立憲制度を有するに至りたるは、全く先覚国民熱心の願望あり。而《しか》して我が天皇の仁慈《じんじ》なる、夙《つと》に之を聴容《ちょうよう》したまいたるに由《よ》ることを。……聖天子上に在り、早く国民の願望を明察したまい、挙国歓呼《きょこくかんこ》の裡《うち》憲法の成るを見たり。是れ実に立憲制度の歴史に於《お》いて彼我《ひが》差異ある重大の一事とす。嗚呼《ああ》、誰か皇恩《こうおん》の鴻大《こうだい》なるに感激せざらん。又誰か当年志士の辛苦に感謝せざらん」

――いろいろな人たちが、憲法の制定を願った。それを天皇は広い寛容の心で積極的に受け容れられた。かくあればこそ、国民歓呼の中、われわれはこの憲法をわがものにすることができた。その間、多くの志士たちは命を懸けた。獄につながれた者もいれば、内戦で死んでいった者もいた。それを思えば、誰が皇恩の有り難さに、そして志士たちの辛苦に感謝しないでいられよう。

「帝国憲法の由来を尋ぬるの時、自ら憲法尊重の念湧き来るを覚ゆるなり」

これが佐々木博士のこの帝国憲法（正式には大日本帝国憲法、以下明治憲法と表記）に対する思いでした。この一語にも窺《うかが》えるように、博士にとって明治憲法とはまさに魂を込めて尊重し、守り抜くべき対象だったのです。

ところで、このような明治憲法の終焉《しゅうえん》の日のことを語ろうとするとき、もう一人の憲法学者についても触れないわけにはまいりません。

昭和二十一年十月二十九日、帝国議会を可決通過した憲法改正案は、引き続き枢密院《すうみついん》の審議にもかけられ、承認を受けました。このときの枢密院議長は清水澄《とおる》博士でしたが、博士もまた著名な憲法学者であり、大正天皇、昭和天皇の二代にわたり明治憲法の御進講役を務めたという経歴を持つ学者でした。

その清水博士が、翌二十二年五月三日、なんと新憲法の施行の日に遺書をしたためたのです。実際に自決されたのは、それから約五か月後の九月二十五日でしたが、その遺書には以下のようなことが記されておりました。

「新日本憲法の発布に先だち私擬憲法案を公表したる団体及《および》個人ありたり、其中《そのなか》には共和制を採用することを希望するものあり、或《あるい》は戦争責任者として今上《きんじょう》陛下の退位を主唱する人あり、我国の将来を考へ憂慮の至りに堪《た》へず、併《しか》し小生微力にして之が対策なし、依て自決し幽界《ゆうかい》より我国体を護持し今上陛下の御在位を祈念せんと欲す、之小生の自決する所以《ゆえん》なり、而《しか》して自決の方法として水死を択《えら》びたるは、楚《そ》の名臣屈《くつ》原《げん》に倣《なら》ひたるなり」

枢密院議長という立場上、博士は占領軍総司令部主導の明治憲法の改正を認めざるを得ませんでした。しかし、この憲法改正作業とともに国内に台頭しつつあった一部共和制論グループの主張には憂念《ゆうねん》措《お》く能《あた》わざるものがありました。果たしてこれが日本国民たるものの主張なのか——と。

しかし、博士にはもはやそれを阻止することができるだけの力も対策もありませんでした。そこで、自決し、幽界より国体を護持し、陛下のご在位を祈念したい、そう考えたのです。今後新憲法下で起こるであろうこの国の容易ならぬ事態を憂慮し、ただひたすら国体の永続を願わずにはおれなかった明治憲法下の本物の学者の思いが、ここには凝縮されているように思われてなりません。

自決の地に選ばれたのは、静岡県熱海市の錦ヶ浦《にしきがうら》の断崖《だんがい》でした。博士はそこから身を相模《さがみ》の海に投じられたのです。

国家の成り立ちという視点から憲法を見直す

明治憲法というと、ほとんどの人が「あれは君主独裁の憲法で、反近代的・非民主的なものだ」と答えるのが、残念ながら今日の一般的な国民の反応のような気がいたします。それゆえ、私はそういう人に、あえて「明治憲法のことを一度でも勉強されたことがありますか」と逆に伺ってみることにいたしております。実はほとんどの人は明治憲法の中身について、悪いイメージだけはあるものの、ほぼまったくといっていいほど実際に学んだり、考えたりしたことはないからです。

「明治憲法は本当にそんなひどい憲法だったのか」

　これは本書で私が最も訴えたいことでもありますが、ただここで私が最低限いいたいのは、明治憲法とは、少なくともこれまでにも見てきたように、佐々木博士のような日本を代表する憲法学者が、「帝国憲法の由来を尋ぬるの時、自ら憲法尊重の念湧き来るを覚ゆるなり」というほどに尊重の思いを抱き、考究《こうきゅう》することに心魂を傾けた対象だったということ、また清水博士にとっては、まさにその運命に殉《じゅん》ずるほどの意味を持った対象に他ならなかったという事実です。

　ところが、当時は佐々木博士の反対演説も、清水博士の死もほとんど新聞には報じられることはなく、代わりに日本国憲法がいかに素晴らしいものであるか（逆に明治憲法がいかに遅れたものであるか）が一方的に喧伝《けんでん》されるばかりでした。新聞は占領軍検閲《けんえつ》下の「御用新聞」というのが当時の現実であり、肝心の憲法改正案が誰により、どのように起草されたかの真相にいたっては、むしろ占領軍にとっての最高の秘匿《ひとく》事項、あるいは厳重検閲の対象そのものだったのです。

　それだけではありません。新憲法への国民の積極的支持を調達するため、占領軍の後押しにより「新憲法普及会」なる半官的団体が組織され、新憲法が明治憲法に比べいかに画期的で優れたものであるか、いかに新日本のめざすべき高邁《こうまい》な理想を掲げたものか……等々、全国津々浦々まで普及活動が行われもしました。このために二千万部という解説本が印刷されましたが、それには占領軍により製紙工場への石炭の緊急輸入といった特別措置もとられたといいます。このことについては最終章で再び触れようと思いますが、そうした普及活動の結果は、日本国民による国民挙げての無批判な「日本国憲法讃美」でした。

憲法とは国家の基本法だといわれますが、わが日本国民は占領軍により、このように一方的に明治憲法を否定せしめられたことにより、自らが信じ、守るべき、その肝心な国家を自ら失ってしまったのです。明治憲法には国民が信じ、誇りと思う国家が厳として存在しておりました。しかし、日本国憲法にはそのような国家が存在しているようにはとても思えません。その意味で、まずは「憲法とはそうした国家のあり方を明らかにするものであり、そうした国家を明文をもって国民に提示するものだ」という大前提を頭に置いて、本書を読み進めることにしていただきたいと思うのです。

幕末期、日本の開国を求める西洋列強による脅威の下で大改革を行い、日本を独立の近代統一国家たらしめるという新国家建設の大事業が断行されました。それが明治維新です。

ご存じのように、明治維新は悠久の日本の歴史の中でも、とりわけ輝かしい民族の記憶として語り継がれてきたものでありますが、その明治維新の「法的・思想的集大成」としてつくり上げられたものが明治憲法であった、というのが私の認識です。むろん、それは単なる一時代の時代的創造物に止まるものでもありませんでした。その根底には神武建国以来のこの日本の成り立ちに対する日本国民の歴史的確信がベースとしてあったことは、改めて指摘するまでもありません。

後に述べるように、まさに明治憲法の骨格となったのは、そのような歴史的確信に基づく「万世一系《ばんせいいっけい》」の天皇を、この日本国の中心者とし、「公議公論」の下にこの日本国の国政を決し、それにより列強に対峙《たいじ》し得る「独立富強の近代国家」を建設していく——という思想でありました。ところが、新憲法にはそのような国家意思もなければ、歴史に基づく国民的確信のようなものもほとんど見ることができません。それゆえ佐々木、清水の二人の代表的学者にとっては、この明治憲法の否定はそうした核心たる国家のあり方の全《まった》き否定に他ならず、それだけ将来への憂慮の思いを抱かざるを得ない重大問題であったのです。

果たしてそれでも日本国憲法は賞讃《しょうさん》されるべき憲法なのでしょうか。

明治維新から始まり、西洋に負けない近代統一国家をつくろうとした先人たちの思いが、さまざまな思想上の対立・分裂を乗り越え、一つに統合されていったのがこの明治憲法だったのです。そこにあったのは、あるべき日本への希求とともに、「日本をなんとしても守り抜かねばならない」という国民的危機感でありました。

現在、憲法改正がようやく議論の俎上《そじょう》に載せられようとしておりますが、そうした中で、いまこの明治憲法がどのような過程を経て、先人たちによりどのような思いでつくられていったのかを見直すことは、現在の憲法のあり方を考えていく上においても、実は学ぶことは大いにあるはずだと信ずるのです。細かな条文の見直しももちろん大切に違いありません。しかしそれと同時に、国家の成り立ちという視点から、日本国憲法をもう一度トータルに見直していくことが、より大切なことではないかと思うのです。

第一章

五箇条の御誓文から始まった明治憲法

「五箇条の御誓文」(京都御所の紫雲殿にて)

五箇条の御誓文こそが出発点だった

昭和二十一（一九四六）年一月一日、昭和天皇は年頭の詔書《しょうしょ》を発せられました。

これは一般には「人間宣言」として知られるもので、昭和天皇が自ら「現御神《あらみかみ》にあらず」と、その「神格性」を否定されたということで大きな衝撃を呼んだものです。しかし、実は昭和天皇のご真意は別のところにありました。むろん、「自分は人間である」などといった無意味なことを、この詔書の中で述べられたわけでもありません。

そうした中、昭和五十二（一九七七）年、昭和天皇は記者会見の場で、「あの詔書の一番の目的は五箇条《ごかじょう》の御誓文《ごせいもん》にあった」と自らおっしゃられたのです。「神格とかそういうことは二の問題であった」と。

以下は昭和天皇のお言葉です。

「民主主義を採用したのは、明治大帝が思召《おぼしめ》しである。しかも神に誓われた。そうして『五箇条御誓文』を発して、それがもととなって明治憲法ができたんで、民主主義というものは決して輸入のものではないことを示す必要が大いにあったと思います。

（中略）

そして、日本の誇りを日本の国民が忘れると非常に具合が悪いと思いましたから。日本の国民が日本の誇りを忘れないように、ああいう立派な明治大帝のお考えがあったということを示すために、あれを発表することを私は希望したのです」（高橋紘『陛下、お尋ね申し上げます――記者会見全記録と人間天皇の軌跡――』文春文庫、一九八八年）

もちろん、占領軍が昭和天皇に望んだのは、「現御神にあらず」という神格否定の部分だけでした。しかし、昭和天皇はそれらの冒頭に、あえて五箇条の御誓文を挿入することを希望されたのです。

つまり、このお言葉にもあるように、民主主義というものは決してアメリカから新たに輸入するようなものではなく、既にその理念は明治天皇の五箇条の御誓文の中にあり、それゆえこれからの日本の歩みはそうした固有の精神の下に行われるべきものだ、と昭和天皇はお示しになられようとされたのです。それを国民とともに確認することで、日本人としての誇りを失わず、これからの新しい日本を建設していこう、と自らお呼びかけになろうとされたのです。

つまり、このご発言からも明らかなように、昭和天皇は日本の民主主義の出発点はむしろ五箇条の御誓文にあった、と考えておられたということです。

ところで、その五箇条の御誓文とは、慶応四（明治元）年三月十四日、明治天皇（満十五歳）が公卿・諸侯など諸臣を率い、天地の神々にお誓いになられた明治新政府の基本方針でありました。その全文は以下のようなものです。

一、広く会議を興《おこ》し、万機《ばんき》公論に決すべし。
一、上下《しょうか》心を一にして、盛《さか》んに経綸《けいりん》を行うべし。
一、官武一途庶民に至る迄《まで》、各々《おのおの》其の志を遂《と》げ人心をして倦《うま》ざらしめん事を要す。
一、旧来の陋習《ろうしゅう》を破り、天地の公道に基くべし。
一、智識を世界に求め、大《おお》いに皇基《こうき》を振起《しんき》すべし。

我国未曾有《みぞう》の変革を為《な》さんとし、朕躬《ちんみ》を以て衆に先んじ、天地神明に誓い、大いに斯《こ》の国是《こくぜ》を定め、万民保全の道を立てんとす。衆亦《また》、此の旨趣に基き協心努力せよ。

その意味するところは以下のようなものでした。

一、広く人材を求めて会議を開き、すべて公正な意見によって決定しよう。

一、身分の上下を問わず、心を一つにして積極的に国を治め整えよう。

一、文官や武官はいうまでもなく、一般の国民もそれぞれ自分の職責を果たし、人々に希望を失わせないことが肝要である。

一、これまでのようなかたくなな習慣を打破し、何事も普遍的な道理に基づいて行動しよう。

一、知識を世界に求めて、天皇を中心とする伝統を大切にして、大いに国を発展させよう。

（以下、略）

むろん、この五箇条の御誓文については、その冒頭にある「広く会議を興し、万機公論に決すべし」が議論の中心になります。昭和天皇はこれこそが日本の民主主義の出発点だとご指摘になられましたが、まさにこれこそがこれから明らかにしていくように、明治憲法研究の「原点」ということにもなるからです。

明治憲政史の草分けでもある尾佐竹猛《おさたけたけき》博士は、代表的著作である『維新前後における立憲思想』の冒頭、次のように述べています。

「五箇条の御誓文は、明治新政府施政の大方針を中外に声明したるものにして、当局の抱負一世を覆うの概《おもむき》あり。此方針、此大抱負ありてこそ、始めて我帝国をして世界の一等国たらしむるの素地をなしたのである」

では、その「五箇条の御誓文」はどのような経緯により誕生したものか。その核心をなす思想はいかなるものか――。実はそれを明らかにしていくためには、黒船来航時に話をさかのぼり、話し始めなくてはなりません。

黒船来航を契機に生まれた「尊皇」と「公議」という思想

十九世紀に入ると、日本の近海にはロシア・イギリス船の来航が増加するようになっておりました。心ある日本人は、そうした外国船の脅威を敏感に肌で感じ、「海防」という問題を真剣に考え始めるようになっていきました。そして、その議論がピークに達したのが嘉永六（一八五三）年の「黒船来航」でした。ペリー率いるアメリカ合衆国東インド艦隊が突然下田に来航したのです。そうした深刻化する外国船の脅威が、実は「尊皇《そんのう》」（あるいは「国体」）と「公議《こうぎ》」という二つの重大思想を、日本人の心に芽生えさせる重大なきっかけとなったのです。

かかる二つの思想――つまり「尊皇」と「公議」――は、これから語っていく憲法制定物語のキーワードとなる言葉ですが、その契機《けいき》となった黒船来航という歴史的事件が意味したものを、明治、大正、昭和を生きた近代日本の代表的ジャーナリストである徳《とく》富蘇峰《とみそほう》が、明治二十六年に刊行した『吉田松陰』という著書の中で次のように書いています。

「国外の警報は、直《ただち》に対外の思想を誘起《ゆうき》し、対外の思想は、直に国民的精神を発揮し、国民的精神は、直に国民的統一を鼓吹《こすい》す。国民的統一と、封建割拠《かっきょ》とは、決して両立するを容《ゆる》さず」

つまり、外からの危機が醸成《じょうせい》されると、それに触発されて「対外の思想」が生起する。それは同時に人々をして国内の現状にも眼を向かわせ、「国民」なる意識を呼び覚まし、更にはその「国民」を統一しなければならないとする「国民的統一」の思想を生むようになる。しかし、その国民的統一を実現しようにも、眼の前にある現実は「封建割拠」の壁に他ならない。ゆえにその「封建割拠」の壁を打破せずんばやまずとする思想が生まれる――というのです。

いうまでもなく、そうした「封建割拠」の壁を打破しようとする強い志向の中で生まれたのが、この「尊皇」という観念であり、「公議」という思想であったというのが、ここで指摘したいポイントです。

まず「尊皇」から見ていきましょう。

先にも述べたように、黒船来航とともに、もはや国民統一の国家的中心は幕府ではあり得ない。また「封建割拠」の大本たる幕府の旧態依然たる権威と力では、もはや国民的統一という課題は達成し得ない。真の国民的統一の中心たり得、またそれを実現し得るものは歴史的正統君主たる天皇に他ならない、という声が既に述べたような対外的脅威を契機に、澎湃《ほうはい》として起こったのです。

江戸時代の末期、実は黒船来航以前から幕府の権威は徐々に低下しておりました。そんな中、この国の本当の中心は一体誰なのだという議論が起こります。その代表的なものが「王覇《おうは》の弁」を説く日本儒学でした。そこでは王道・覇道の別が説かれ、力による支配は覇道であり、徳による支配は王道であるとされていました。幕府がいくら王道をめざしたところで、所詮《しょせん》力によって覇権を握った政権に他ならない。やはり王道こそが本《もと》であり、それが天皇なのだというのです。

その結果、将軍は天皇から大政を「委任」されて日本国を統治しているにすぎないとする「大政委任論」も説かれるようになりました。つまり、将軍の権力は天皇が将軍に預けたもので、あくまでその大本は天皇にあるというのです。

そしてその究極は水戸学でした。簡単にいってしまえば、水戸学とは神道と儒学をあわせたような学問で、幕末の水戸学の学者であった藤田東湖《とうこ》や会沢正志斎《せいしさい》らによって大成されたものでした。
以下はその会沢正志斎の『新論』にある一節です。

「謹んで按《あん》ずるに、神州は太陽の出《い》ずる所、元気の始まる所にして、天日之嗣《てんじつのし》（天照大御神のご子孫）、世々宸極《よよしんきょく》（天子のいる場所）を御《ぎょ》し、終古易《かわ》らず。固《もと》より大地の元首にして、万国の綱紀《こうき》なり。誠によろしく宇内《うだい》に照臨《しょうりん》し、皇化《こうか》の曁《およ》ぶ所、遠邇《えんじ》（遠近）あることなかるべし」

この日本国は日出づるところの神国であり、天照大御神《あまてらすおおみかみ》のご子孫が世々この国の中心にましまして永久に変わることなく、それは世界の頭首《とうしゅ》にして万国を統括されるご存在でもある――というのです。
勤皇の志士たちはまさにこうした国体思想の影響の下に志を立て、結集し、「日本危うし、いま一度天皇を中心にして国を建て直していかねばならない」という尊皇の運動に邁進《まいしん》していったのでした。

そしてその会沢に出会うことにより、初めて尊皇の思想に目覚めさせられたのが吉田松陰でもありました。嘉永五（一八五二）年、松陰は東北巡遊の旅を終えて、山口に帰る途中、京都に立ち寄り、出京の朝、こんな漢詩を書いています。

山河襟帯《きんたい》、自然の城
東来、日として帝京を憶《おも》はざるなし
今朝、盥嗽《かんとう》して鳳闕《ほうけつ》（御所）を拝し
野人、悲泣して行くことあたはず
鳳闕寂寥《せきりょう》にして今、古《いにしえ》に非ず
空しく山河のみありて変更なし
聞くならく、今上、聖明の徳
敬天、憐民《れんみん》、至誠より発したまふ
鶏明すなはち起きて親《みずか》ら斎戒《さいかい》し
妖氛《ようふん》を掃《はら》つて太平を致すを祈りたまふ

従来、英皇《えいこう》、不世出、
悠々機を失す、今公卿《きんこうけい》
人生、萍《へい》の如く、定在なし
何の日か重ねて天日の明を拝せん

山河に囲まれた自然の城。東からやってきて、一日とて自分はこの京の都のことを思わない日はなかった。今朝、自分は手を洗い、口をすすいで、御所を拝し、出てくるのは、ただただ悲しみの涙であり、自分はこの京の地を立ち去ることができない。いま御所は荒れ果て、昔の姿はない。変わらないのはただ山河のみである。

謹んで聞く。天皇は傑出《けっしゅつ》した徳を持たれ、この日本の国を深く憂えておられる。天を敬い、民を哀れみ、至誠より発して、毎日を過ごしておられるとも聞く。早朝、鶏が鳴くとともに起きられ、自ら斎戒沐浴《さいかいもくよく》して宮中の祭りをされ、外国の不吉な雲を払い、太平をもちきたさんことを祈られる。

このようなすぐれた君主は容易に現れることはない。にもかかわらず、いまの政治家たちはただ漫然《まんぜん》と機を失するばかり。人生というのは浮草のごとく止まることを知らないけれども、いつの日か再び天皇の聖明がかがやく日を拝することを誓いたい。

これは、まさに、当時の志士たちが抱いた尊皇思想というものが、どういうものだったかということを的確に表す代表的漢詩だといってよいでしょう。尊皇思想というのは、このように純粋に天皇に思いをいたす思想でもあったのです。

むろん、ここで松陰が歌ったのは孝明天皇です。以下の御製《ぎょせい》が有名です。

清《すま》しえぬ水にわが身は沈むとも濁しはせじなよろづ国民《くにたみ》

たとえ自分の身は泥水の中に浸るようなことがあっても、なんとしても国民をその泥水にまみれさせるようなことをしてはならない。たとえ自分の一身を捨てても、国民を救わなければならない——という御製です。その孝明天皇の国民を思う大御心《おおみこころ》に吉田松陰ら志士たちは感動し、覚悟を新たにしたのです。

むろん、尊皇思想はそのような武士的・儒学的なものだけでもありませんでした。忘れてはならないのは本居宣長《もとおりのりなが》による国学です。本来、日本の中心にあるのは天照大御神の直系たる天皇である、と彼は神話に基づき説いたのです。

「本朝の皇統《こうとう》は、すなはち此の世を照しまします、天照大御神の御末にましまして、かの天壌《てんじょう》無窮《むきゅう》の神勅《しんちょく》の如く、萬々歳の末の代までも、動かせたまふことなく、天地のあらんかぎり傳はらせ給ふ」（『玉くしげ』）

このような国学思想もまた、「尊皇」思想の形成に大きな役割を果たしたことをわれわれは確認しておく必要があるでしょう。

一方、黒船来航によって「公議」という考え方が生まれたことも重要です。時の幕府老中・阿部正弘《あべまさひろ》は、黒船来航を前に、それまでの「幕府専裁」の祖法を捨て、この国難を乗り切るために朝廷の支援を求めるとともに、全国の大名に対し、危機対処のための各藩からの意見具申を要請しました。それが「公議」という考え方が政治の場に浮上していくきっかけとなったのです。

明治のジャーナリスト・福地源一郎は「幕府衰亡論」の中で、「阿部正弘が幕府のためによかれと思ってやったことが幕府衰亡の禍源《かげん》を開くものだった」というようなことを書いていています。それは朝廷の意見を求めることをも含め、その後支配的となっていく幕府専裁を「私」とし、広く諸大名の意見を求めることを「公」とする考え方に、まさに登場の契機を与えるものでもあったからです。
『徳川慶喜公伝』は以下のようにいいます。

「凡《およ》そ幕府が大政に関して諸大名に諮詢《しじゅん》することは、前例なき所なれども、今や外交の事挙国の休戚《きゅうせき》に関し、且其処置につきては諸大名の協力に須《ま》つべきもの多きが故に、格を破りて諸大名の意見を徴したるは、已《や》むを得ざるに出でたる事ながら、遂に彼等をして、幕府に容喙《ようかい》せしむる端《たん》を開きしは、亦《また》以て時勢の推移といふべし」

と同時に、この「公議」という考え方は、幕府から諮問《しもん》された各藩の中でも新しい動きを触発します。「言路洞開《げんろとうかい》」「人材登庸《とうよう》」といった考え方です。意見を求められた各藩としては、これまでのような惰性的な意見で対処しようとすれば、その要請に応えられないことは必定でした。そこで藩内に広くすぐれた意見を求めねばならなくなったのです。これまでの身分制を前提とした旧来の枠の中からだけでは、それが出てこないのは火を見るよりも明らかでした。そこで従来の身分の枠を超えた「言路洞開」「人材登庸」といった考え方が一気に浮上し始めたのです。

いずれにしても、この「公議」という言葉がその後の政治展開に向けてのキーワードとなっていきます。「公武合体」はそのベースとなった体制でもありましたが、その下での「朝廷参与会議」、そして更には朝廷の下での「諸侯会議」――といった公議政体の構想が次々と浮上していったからです。

そして、その行き着いた先が、坂本龍馬の「船中八策」の構想に見られるような「議会政治」――「上下議会」の構想でありました。

そして五箇条の御誓文となる

「船中八策」が構想されたのは慶応三年のことでしたが、そのころ龍馬が心底恐れたのは、薩長の討幕路線が国内分裂のもととなる内戦を触発することでした。そうなればイギリスやフランスは必ず干渉してくる、と彼は考えたのです。一方、幕府としてみれば、口では「公議政体」を唱えても、おいそれと自らの手で幕府の権威を貶《おとし》めるわけにはまいりません。公議政体の中心は依然として幕府でなければならなかったのです。かかる衝突必至の情勢の中で、龍馬が考え出した窮余《きゅうよ》の構想が「大政奉還論」であり、そのもととなったのが「船中八策」の構想でした。

一、天下ノ政権ヲ朝廷ニ奉還セシメ、政令宜シク朝廷ヨリ出ヅベキ事。
一、上下議政局ヲ設ケ、議員ヲ置キテ万機ヲ参賛セシメ、万機宜シク公議ニ決スベキ事。
一、有材ノ公卿諸侯及ビ天下ノ人材ヲ顧問ニ備ヘ官爵ヲ賜ヒ、宜シク従来有名無実ノ官ヲ除クベキ事。
一、外国ノ交際広ク公議ヲ採リ、新ニ至当ノ規約ヲ立ツベキ事。
（後略）

ここは最初の四項目だけの引用に留めますが、そのポイントはまず幕府が政権を一度朝廷に返すこと（これは「尊皇」思想の実現でもあった）、その上で朝廷から新しい政体を打ち出すこと、その政体は「上下議政局」を中心とした「議会政治」の形態たるべきこと、人材を結集して無駄のない、機能する政府たらしめるべきこと、そして公議により開国に国是を決し、新たに「至当の規約」（憲法のことか？）を立てるべきこと——等々でした。

むろん、暗黙の了解としては、その議会の長は徳川慶喜で、その下に諸侯が結集する形が想定されてもいました。ただ従来通りの公武合体ではなく、あくまでも天皇を中心とした新政体、という考え方がそこにはあったのです。

一方、徳川慶喜のほうには、「朝廷には実際政治の運営能力がないがゆえに、再び自分に政権を委任してくるに違いない」というしたたかな読みがありました。そのため、次のような上表文《じょうひょうぶん》とともに大政奉還を申し出ることにしたのです。

「当今、外国の交際日に盛んなるにより、愈々朝權《いよいよちょうけん》一途に出で申さず候ひては、綱紀《こうき》立ち難く候間、従来の旧習を改め、政権を朝廷に帰し奉り、広く天下の公議を尽くし、聖断を仰ぎ、同心協力、共に皇国を保護仕り候得《そうらえ》ば、必ず外国万国と並び立つ可《べ》く候。臣慶喜《よしのぶ》、国家に尽くす所、是に過ぎずと存じ奉り候」

こうしてめでたく朝廷と徳川の公議政体が生まれる予定でした。ところが、その直後に龍馬が暗殺され、さらに大政奉還の土壇場で、西郷隆盛、大久保利通が中心となった徳川排除のクーデターが起きたのです。それが「王政復古のクーデター」といわれるもので、そのめざすところは「摂関、幕府等を廃絶し、天皇の下、新たな職を置いて有力な藩が共同して政治を行う」というものでした。これまでの幕府を全否定したまったく新しい政府が誕生することになったのです。

「徳川内府《ないふ》（内大臣慶喜）、前より御委任せし大政返上・将軍職辞退の両条、今般断然聞《き》こしめされ候、抑《そもそも》癸丑《きちゅう》以来未曾有《みぞう》の国難、先帝頻年宸襟《ひんねんしんきん》を悩まされ候次第衆庶の知るところに候、これによりて叡慮《えいりょ》を決せられ、王政復古国威挽回《こくいばんかい》の御基《おんもとい》立てさせられ候間、自今《じこん》摂関、幕府等廃絶、即今《そっこん》まず仮に総裁、議定《ぎじょう》、参与の三職を置かれ万《ばん》機《き》行わせらるべく、諸事、神武創業の始《はじめ》に原《もと》づき、搢紳《しんしん》、武弁、堂上《とうしょう》、地下《じげ》の別なく至当の公議を竭《つく》し、天下と休戚《きゅうせき》（喜びと悲しみ）を同《おなじ》く遊ばさるべき叡念《えいねん》に付《つき》、各《おのおの》勉励、旧来驕惰《きょうだ》の汚習を洗い、尽忠報国《じんちゅうほうこく》の誠をもって奉公致すべく候事」

そして、ついに薩長を中心にした新政府軍と旧幕府軍が激突する戊辰《ぼしん》戦争が起こります。このとき、新政府軍は自らが真に朝廷軍であることを示すために、さらに一歩進めた新政府の将来構想を示す必要がありました。その構想の核として位置づけられたキーコンセプトが「尊皇」と「公議」だったのです。かくて、そこで生まれたのが五箇条の御誓文でありました。

ちなみに、この五箇条の御誓文は、熊本藩士で維新十傑の一人といわれた横井小楠《しょうなん》の影響を受けた越前藩の由利公正《ゆりきみまさ》と、土佐藩の福岡孝弟《たかちか》が原案を提供したものといわれています。「議事之体大意」とか「諸侯会盟」とかいわれるものがそれで、「こんな公議政治をめざす」ということを、天皇と諸侯が「誓い合う」という内容のものでした。ところが、この方式によりまさに「会盟」の式が行われようとしたそのとき、木戸孝允《たかよし》（桂小五郎）から「待った」の声がかかったのです。

そのような形では諸侯と天皇が契約書を交わすようで、わが国体の姿にはふさわしくない。そうではなく、天皇が諸侯・群臣を率いて神々に向かって誓う、その誓いに諸侯が従う、そういう誓いの形にすべきだとしたのです。

こうして木戸孝允は、五箇条の御誓文を先に引用したような最終的な形態に改めました。「朕躬を以て衆に先んじ、天地神明に誓い」と。それによって天皇中心の「国体」もまた明らかにできると考えたのです。つまり、「尊皇」と「公議」という二つの思想の流れは、まさにここにおいて統合の形を見出したともいえるのです。

維新前後の天皇の存在

明治政府は五箇条の御誓文とともに、明治天皇のご宸翰《しんかん》、つまり天皇御自らによる国民へのご文章を発表しました。そのご宸翰は、当時は五箇条の御誓文よりもよく国民に浸透したという説があるほどでした。そのご宸翰で、明治天皇はこれから自分は国民の先頭に立つと宣言されたのです。以下はその一節です。

「今般、朝政一新の時に膺《あた》り、天下億兆一人も其の処を得ざる時は、皆朕が罪なれば、今日の事、朕身骨を労し、心志《しんし》を苦め、艱難《かんなん》の先に立ち、古《いにし》え列祖の尽《つく》させ給いし蹤《あと》を履《ふ》み、治蹟を勤めてこそ、始て天職を奉じて億兆の君たる所に背かざるべし」

つまり、国民に一人でも不幸せな者があるならば、それはすべて私の責任である――とまで仰せになられたのです。これは日本の真の国体の姿（つまり天皇の本質）というものを、国民すべてに直接知らしめるものでした。当時、尊皇思想や国体思想というのは専《もっぱ》ら知識人のものであり、一般国民にはほとんど縁のないものでした。偉いといえば藩の殿様だと思っていたのが現実だったのです。ただ、一方では雛《ひなまつ》祭りのお内裏《だいり》様や、お伊勢参りという伝統・風習も民衆の生活の中には徐々に浸透しておりました。そういう点では、もっと上には、更に尊い人がおれられるようだ、というレベルの認識はあったのだと思われます。

「天子様は、天照皇大神宮様の御子孫様にて、此世の始より日本の主にましまし……一尺の地も一人の人民も、みな天子様のものにて、日本国の父母にましませば……日本の地に生まれし人々は、ひとしく赤子と思《おぼ》し召《め》され……」

むろん、明治天皇のご宸翰だけでなく、このような民衆向けの「お触れ」のようなものも出されました。これは明治二年に出された「奥羽人民告諭」の一節ですが、このように天皇とはいかなるご存在か、ということを知識のない民衆にもわかりやすく知らしめていく啓蒙《けいもう》作業も併せて行なわれ、そうした国の中心たる天皇への認識が次第に定着していったという事実もあったのです。

とはいえ、それは無理に植えつけようとしたものではなく、まさに日本国民の深層心理の中にある神話に対する信仰や、お伊勢参りや全国の神社へのお参り、さまざまな風習など、国民の潜在意識に語りかけるものでもありました。

五箇条の御誓文の重さ――新政府づくり

かくして、五箇条の御誓文を出発点とした明治新政府づくりが始められました。しかし現実はといえば、明治四、五年になるまで実態は混乱に次ぐ混乱でした。

そうした中でも、五箇条の御誓文で「万機公論に決す」と謳《うた》い、身分差別なく積極的な人材登用を行うと宣言した以上、いかに迂遠《うえん》な作業でも、あるいは大変な作業でも、政府はそれを実行していかなくてはなりませんでした。

明治元（一八六八）年、いち早く「政体書」という、いわば憲法の原型のようなものが政府から出されます。これは「天下の権力総てこれを太政官《だじょうかん》に帰す」という第一条から始まり、立法・行政・司法の「三権分立」などを内容にした十三か条からなるものでしたが、これも五箇条の御誓文をなんとしても具体化せねば、とする志向性の表れでありました。そして翌年、その立法の府として「公議所」がつくられ、いよいよ「万機公論に決す」るという体制がスタートしていくのです。

ところが、その反面、政治の現場では、毎日のように新政府が崩壊しかねないような深刻な問題が起こっておりました。いかに「公議」が大切で「万機公論に決す」が政治の建前とはいえ、またこれらに対してはたとえ掟破《おきてやぶ》りとの批判が寄せられようとも、この目前の危機に対処するためには、大久保利通や岩倉具視《ともみ》らがいわば臨機に、その建前を無視して独裁的に対処する、という非常の形をとらざるを得なかったのです。

一方、公議所に集められた諸侯や各藩代表の藩士たちにこの「公議」が実践できたかというと、必ずしもそうではなかったという現実もありました。例えば議論が白熱してくると、すぐに刀に手をかける、といったことも起きたのです。そこで「官吏兵隊の外、帯刀を廃するは随意たるの議」という提案もなされるのですが、しかし賛否をとってみると全会一致で反対。問題はこれに限りませんが、彼らにはむしろ進行する近代化への抵抗感情のほうが強かったようです。

そうした武士とともに、西洋の知識に明るい人材も公議所に入ってきました。こうした面々は逆に文明開化に向けて近代化政策をどんどん進めようとします。ところが、徳川の時代そのままの頭でいる守旧派の大半が、次々と議案を否決してしまうのです。公議所は後に「集議院」という名称に改められますが、大久保利通などは「公議所、集議院は無用の論のみ」とまで酷評しています。

ならば、そんなものは潰してしまえばいいかというと、そういうわけにもまいりません。「万機公論に決すべし」とした「御誓文」が控えているからです。それを無視すれば所詮《しょせん》「薩長の私政府」という評価を下される恐れさえありました。

廃藩置県後の明治四（一八七一）年、太政官のもとに正院（中央政府）、左院（立法諮問機関）、右院（調整機関）がつくられました。その翌年、この左院の宮島誠一郎という旧米沢藩士が、後藤象二郎に対し「立国憲議」を提出します。つまり、「国を立てる憲法の議」、つまり日本も憲法をつくるべしとする意見です。おそらくこれが憲法というものを取り上げた日本で最初の提案でした。

またその頃、岩倉使節団が明治四年から六年にかけて世界の実情を視察に廻りますが、その一員であった木戸孝允は、同じく長州藩の留学生としてドイツに滞在していた青木周蔵《しゅうぞう》に命じ、「大日本政規草案」という憲法草案を作成させています。彼は帰国後、それを「木戸憲法案」として政府に提出するのですが、先にも触れたように、五箇条の御誓文作成にかかわった木戸としては、「公議」実現への自らの使命というものもまた感じていたのでしょう。

先にも触れたように、明治憲法といえば、それは国民の「立憲制確立」の要求を藩閥《はんばつ》政府が徹底的に抑圧し、踏みにじり、逆に強大な君権を背景とした「絶対主義的専制体制」の導入・確立をもってそれに応えたものだ、といった考え方がいまも影響力を持っています。しかし、ここで強調したいのは、実はそうした立憲主義導入の志向は、むしろその反動とされた藩閥政府のほうが、民間に先んじ先鞭《せんべん》をつけたものだったということです。そこでは、五箇条の御誓文にもあるように、「広く会議を興し、万機公論に決すべし」の精神が大きな拘束力を持つとともに、「智識を世界に求め、大いに皇基を振起すべし」という目的意識が明確に把持《はじ》されていたのです。

高まっていく「万機公論に決すべし」の精神

早急に朝鮮を開国させようという所謂《いわゆる》「征韓論」が盛んになったのは明治五年のことでした。翌年になると議論はさらに活発になっていきました。最終的には太政大臣代理を務めることとなった岩倉具視の明治天皇への反対上奏により、決定していた朝鮮への使節派遣が覆り、中止となります。

その結果、それまで派遣を主張していた西郷隆盛、板垣退助、副島種臣《そえじまたねおみ》、後藤象二郎はその決定に抗議し、そろって下野します。そしてその翌年、そのように政府を去った前参議たちを中心に「民撰議院設立建白書」が提出されるのです（ちなみに西郷は不参加）。

その趣旨は、いってみれば自分たちは大久保や岩倉のこの「独裁的決定」に破れたのであり、もしあのとき「公議政治」が実現していれば、あのような結果にはならなかった。その意味では、いまこそ民撰議院の設立が必要である――といったものだったのではないでしょうか。
この建白書の提出が明治憲法の出発点になったと考える人も多いようです。実際に教科書にもそのように書く人がおります。しかし、それをいうなら、五箇条の御誓文のほうがさらにその先に位置づけられるのが筋でしょう。この民撰議院設立建白書のめざすところをよく見てみると、このベースに五箇条の御誓文がおかれていることは明白です。つまり、五箇条の御誓文にある「万機公論に決すべし」の精神は一体どこへ行ったのだ、ということを政府に問い質《ただ》しているのです。

「臣等伏して方今《ほうこん》（現在）政権の帰する所を察するに、上帝室に在らず、下人民に在らず、而《しか》して独り有司に帰す。夫《そ》れ有司、上帝室を尊ぶと曰《い》はざるには非らず。而して帝室漸《よう》やく其尊栄を失ふ。下人民を保つと云《い》はざるには非らず。而して政令百端《せいれいひゃくたん》、朝出暮改《ちょうしゅつぼかい》、政刑情実に成り、賞罰愛憎に出づ。言路壅蔽《ようへい》、困苦告ぐるなし」

この建白書が新聞に載り、知識階級の間で議論が巻き起こることにもなりました。例えば、西洋の立憲政治の日本への紹介者でもある加藤弘之は、「まだ日本国民は議会政治などをやれるレベルにはない。いずれはそれを導入すべきではあるが、いまはまだ時期尚早だ」と主張しました。また、それに対しては「そういうことをいっているから、いつまでたっても国民は学ぶ機会がないのだ。むしろ民撰議院をつくることにより、国民の開明を進めるべきだ」という意見も出されました。

　また、これがきっかけとなり、後の自由民権運動につながっていく愛国公党や立志社といった結社もつくられていきました。


　ここで大切なことは、ここにいう民権とはあくまでも君権（天皇）に対するものではなく、官権（政府）に対してのものだったということです。つまり、薩長を中心とする一部の政治家が独裁権力を弄《もてあそ》んでいる、それがけしからんということであって、決して天皇がけしからん、天皇の権限を削減すべきだといっているのではなかったのです。あくまでも天皇を中心に、その下で五箇条の御誓文に示された「公議政治」の実現をめざす。それが彼等の論理だったということです。

　当初、民撰議院設立建白書の草稿《そうこう》には「君主専制」という言葉があったとされています。それに国体論者でもあった副島種臣が筆を入れ、「有司専制」という言葉に置き換えたとされるのです。「有司」とは役人、官吏という意味ですが、日本では民権運動といっても、外国のような君主に対して弓を引くようなものではなく、あくまでもそうした「有司」――いってみれば君側《くんそく》に居る者――への反対、つまりむしろ尊皇思想を前提とするものであったことがわかるでしょう。

立憲制確立に向けての天皇のご決意

一方、征韓論に敗れて下野した西郷は、このような民権運動に参加することなく、薩摩に引きこもってしまい、そこで中央に対する「一大敵国」を形成していくことになりました。政府にとってこれはとても気になることでした。

そんな中、木戸孝允は台湾征討をめぐって大久保利通と衝突し、参議の職を辞して国へ帰ってしまいます。その結果、いまや新政府の中心は大久保と岩倉のみとなり、政府孤立の感は否定すべくもありませんでした。

特に大久保はこれまで版籍奉還、廃藩置県、殖産興業の推進、中央集権体制の確立など、新政府の力を背景にした強引な政策を実現させてきました。しかし、これに対しては士族を中心に激しい反発の声が盛り上がっておりました。そこでそれに不安を覚えた大久保としては、もう一度木戸を政府に戻したいと考えたのです。その大久保の意を受けて動いたのが伊藤博文と井上馨《かおる》でした。ところが彼らはその際、木戸とともに板垣も戻そう、ということとなり、結果として在野で反政府の立場にあった板垣をもう一度政府へ復帰させる、という話になったのです。

その結果、明治八年、大阪で大久保、木戸、板垣の三者会議が行われ、木戸、板垣の参議復帰が実現します。むろん、そこには条件がありました。板垣は速やかなる議会政治の導入を大久保に約束させること、木戸はかねてよりの立憲政体樹立の構想を漸次的《ぜんじてき》にではあれ、政府に実現させること、といったことを条件として主張したのです。

それが「大阪会議」と呼ばれるものですが、そのときの「三者合意」を受けて発せられたのが、後に民権勢力が五箇条の御誓文とともに、自らの主張の根拠として頻繁《ひんぱん》に用いることになる「立憲政体の詔書《しょうしょ》」（漸次立憲政体樹立の詔《みことのり》）と呼ばれるものでした。以下に引用するのはその中の一節です。

「朕《ちん》、今誓文の意を拡充し、茲《ここ》に元老院を設け以て立法の源を広め、大審院《だいしんいん》を置き以て審判の権を鞏《かた》くし、又地方官を召集し以て民情を通し公益を図り、漸次《ぜんじ》に国家立憲の政体を立て、汝衆庶《なんじしゅうしょ》と倶《とも》に其慶に頼《よら》んと欲す」

まず冒頭に、「今誓文の意を拡充し」とありますが、これはもちろん五箇条の御誓文のことに他なりません。その上で、元老院を設立して「立法の源を広め」、大審院を置いて司法権を強化し、また地方官会議を招集して「民情を通し公益を図り」、それを通して「漸次に国家立憲の政体を立て」ていくというのです。三者にとってはそれぞれの思惑《おもわく》を秘めた妥協の産物に他なりませんでしたが、とはいえ少なくとも詔書という形で、いずれ憲法をつくり、議会政治を実現する、という根本的な方向性が天皇の名で示されたことは実に重い意味を持つことでした。

西南戦争と西郷・大久保の死

このようにして、立憲政体の確立が「漸次に」という条件付きではあれ、天皇の名で約束されました。時代の流れは徐々にとはいえ憲法制定の方向に向けて確実に動き出したのです。しかし、そこにはまだまだ克服すべき課題も残されておりました。

大久保利通は福沢諭吉の書物を読んでいました。「一身独立して一国独立す」という福沢の言葉には随分影響を受けたようです。富国強兵、殖産興業とはまさにその大久保にとっての「一身独立」だったのかもしれません。大久保はその上に「一国独立」を考えたのでしょう。大久保にとっても立憲制実現は重要課題でした。しかし、大久保にはその前に、富国強兵・殖産興業が目下の急務としてありました。その結果、大久保は意を決し、「大久保独裁」といわれるほどの強引な政治に突き進んでいったのです。

維新後、日々国の形が変わっていくといった状況の中、武士は新たに士族という身分を与えられたとはいえ、廃藩置県によりこれまでの名誉・特権を失ったことは深刻な社会問題を惹起《じゃっき》するものでした。多くの士族は政府に対し、許しがたいという思いを抱かざるを得ませんでした。そうした不満分子の怨念《おんねん》は、とりわけ権力の中枢にいた、大久保・岩倉に集中していったのです。ゆえに、その政府への反感は、木戸・板垣を政府に引き込むといった弥縫策《びほうさく》程度では収まるものでもありませんでした。

征韓論争による政府分裂後、各地で反政府の反乱が起こりました。佐賀の乱、神風連《しんぷうれん》の乱、秋月《あきづき》の乱、萩の乱といったものです。しかし、その中でも最大のものが明治十年の西南戦争でした。西南戦争に関してはさまざまな見方がありますが、ここではその内容・評価に立ち入ることは避け、西郷の決起に「自主独立の抵抗精神」を見ようとした福沢諭吉の評論を、参考までに紹介してみたいと思います。西郷は「片手に剣、片手に筆」ということをいいましたが、福沢はこの西郷のような剛健《ごうけん》なる抵抗の精神、専制を許さず苦闘する政治的実践の中からこそ、真に力強い立憲制、自治権利の思想が成長するのだ、と西郷弁護の論を説いたのです。

以下はその福沢による『丁丑公論《ていちゅうこうろん》』緒言《ちょげん》の一節です。

「近来日本の景況を察するに、文明の虚説に欺《あざむ》かれて抵抗の精神は次第に衰頽《すいたい》するが如し。苟《いやしく》も憂国の士は之を救ふの術を求めざる可らず。抵抗の法一様ならず、或《あるい》は文を以てし、或は武を以てし、又或は金を以てする者あり。今、西郷氏は政府に抗するに武力を用ひたる者にて、余輩の考とは少しく趣《おもむき》を殊《こと》にする所あれども、結局其精神に至ては間然《かんぜん》すべきものなし」

ともあれ、七か月におよぶ激闘の末、政府はついに西南戦争という最大の危機を乗り切ったのです。これによって「剣」の時代は終わったかに見えました。しかし、まだ残り火が燻《くすぶ》っておりました。それが「紀尾井坂《きおいざか》の変」です。
西南戦争の翌年の十一年五月、石川県士族、島田一郎らが大久保利通を紀尾井坂に襲うのです。以下はその島田の残した「斬姦状《ざんかんじょう》」の一節です。

「前途政治を改正し、国家を興起するの事は、即ち天皇陛下の明と、闔国《こうこく》人衆の公議に在り。願くば明治一新の御誓文に基づき、八年四月の詔旨に由《よ》り、有司専制の弊害を改め、速やかに民会を興し、公議に取り、以て皇統の隆盛、国家の永久、人民の安《あん》寧《ねい》を致さば、一良等区々の微衷《びちゅう》、以て貫徹するを得、死して而《しこう》して冥す」

ここには「明治一新の御誓文に基づき、八年四月の詔旨に由り」とありますが、大久保はまさにこの五箇条の御誓文にかかわり、明治八年四月の「漸次立憲政体樹立の詔」を形あるものとした立役者の一人でありました。
ところが、そこにある「公議」の精神に反するとして大久保は斬られてしまったのです。皮肉という外に言葉はありませんが、ただ確認しておくべきは、殺すほうも、殺されたほうも、実は同じ方向を見ていたということです。つまり、この斬姦状にも出てくる「皇統の隆盛」「国家の永久」「人民の安寧」です。確かに彼らにはそこにいたる方法論が異なっていたことは否めません。しかし、大久保も島田も根底においては同じ国体思想・公議思想に他ならなかったのです。このことは今後も、少なくとも政府対反政府の根底にある思想構図として、確認されておいてよいことだと思います。

ちなみにもう一つ付言しておけば、大久保が暗殺された際、そのポケットには西郷の写真が入っていたということです。政策の方向性こそ違いましたが、ともに日本のために、天皇陛下のために忠誠を尽くさねばならない、とする尊皇の志においては、若き日と同様、二人の間に一切の隔《へだ》たりはなかったのです。

さらに激化する国会開設への動き

明治十一年春、大久保は倒れ、更にその前年、木戸は西南戦争の結果を見ることなく病没し、かくて政権は岩倉具視が中心となり、その下に伊藤博文、大隈重信《おおくましげのぶ》、井上馨といった維新の第二世代がつづくという形をとることになります。

一方、在野勢力はもはや武力による抵抗の時代は終わったと、言論による運動に焦点を絞ります。そんな中、板垣退助の愛国社が拡大発展する形で「国会期成同盟」が結成されるにいたるのです。そして、この国会期成同盟を中心に、さまざまな結社から国会開設の建白書や請願書が政府に届けられるという新たな流れにもなっていったのです。

ただ、ここでも留意しておかなくてはならないのは、「是固《もと》より古今の通義《つうぎ》なり。是固より天皇陛下が維新の始め天地神明に誓われたる叡旨《えいし》なり」といった言葉にも見られるように、運動は激しい「反政府」の形態をとってはいても、常にその核をなしていたのは五箇条の御誓文にある「公議」と「尊皇」の思想だったということです。

また、この国会期成同盟と並行するように、この「公議」の精神を前提とした府県会や町村会が各地方に設置され、まさに本格的な議会政治の準備段階ともなるものがスタートしていたことも、忘れられてはならないことだと思います。

明治十三年十一月、第二回国会期成同盟の大会が東京で開かれました。そこには全国から各政治結社を代表する六十四人が集まり、国会開設を求める約十三万人の署名が集まったといわれています。

また、そこでは「私擬憲法」を作成しようという決議もなされました。その結果、各地ではその決議を受け、かかる「私擬憲法」づくりが積極的に展開されていくこととなりましたが、その数は全国でなんと二千を超えたとさえいわれています。こうして国会開設、立憲制樹立に向け、国中は一挙に騒然となっていくのでした。

第二章

いかなる憲法をつくるか

井上毅

伊藤博文

ロェスラー

西洋思想が流入する中での民権運動

明治十二年から十三年にかけて、国会開設の要求、私擬憲法案づくりの運動が燎原《りょうげん》の火のごとく全国に広がっていきました。

ただし、この頃を境にして、これまでの運動とは少々様相が異なる側面が見え始めていたことも記しておかねばなりません。

それまでは不平士族が、国会開設に名を借りて維新以来の不満を政府にぶつけるといったような面もありました。「士族民権」といわれるものです。しかし、この時期になると、明治維新によって税がそれまでの物納から金納になった農民層の中に、当時のインフレを背景にかなり裕福な層（その代表が豪農と呼ばれる人々）が誕生し、またそれを背景に知識を身につけた農民たちも増えていくという現実が出てきました。そして、こうした農民が積極的に民権運動にかかわったり、結社などにお金を寄付したりするような状況も生起していったのです。

同時にこの頃、西洋の自由民権思想が一気に日本に流入してきました。ルソーや、ロックや、ミル等に関する翻訳書も多数出始めて、士族や若者を中心にこうした共和制論や社会契約説を説く書物が広く読まれるようになっていったのです。その結果、日本の神話や歴史を貶《おとし》めたり、フランス革命を理想化したり、日本にも共和制を適用すべし、とする急進論に一方的に流されていく知識層や若者が増えていきました。それはまさに、国体の危機といってもいい状況に他なりませんでした。以下は、かかる状況に危機感を抱いた岩倉具視の意見書の一節です。

「欧州の過激自由の説、我が邦《くに》に伝播《でんぱ》し、尤《もっと》も在野政党士族の脳髄《のうずい》を刺激し、其毒文、深く無形の間に根底を固結し、従来固有する所の忠孝純朴《ちゅうこうじゅんぼく》の風をして、殆《ほとん》ど将《ま》さに一掃《いっそう》せしめんとす。士族にして果して此の如くなるときは、其弊《へい》や所謂《いわゆる》平民なる者の脳髄をして、亦此《またこの》風習に浸染《しんせん》せしむるに至らん」

一方、このように直輸入された外来の共和制思想、革命思想に無批判・無抵抗に感化されていくこのような若者たちの風潮に対して、これまで積極的な西洋文明の紹介に務めていた福沢諭吉や中江兆民が、むしろ批判的な姿勢を明確にするようになっていったことも指摘しておかなければなりません。かかる状況をあまりにも一方的で頭でっかちになったものとし、もっと日本の現実を踏まえたバランスのとれた議論をするよう、彼らは諭《さと》し始めたのです。

例えば中江兆民はルソーの『民約論』を最初に日本に紹介した人物でした。その『民約論』を読んだ知識層の間で、フランス革命こそが理想であり、日本でもフランス革命を経たフランスの共和政治のようなものが一日も早く打ち立てられねばならない、といった議論が盛んに唱えられました。それに対して中江兆民は次のような趣旨の論文を発表して、その緩和を図ったのです。

「今や海内の士、皆政治の学に熱心し、政体の是非得失を講ぜざる者なし、然るに東洋の風習、常に耳を憑《たの》みて嘗《かつ》て脳を役《えき》せず、形態を模擬《もぎ》して嘗て精神を問はず、是《ここ》に於《おい》て耳食《じしょく》の徒、往々名に眩《げん》して実を究めず、共和の字面に恍惚《こうこつ》意を鋭して、必ず昔年《せきねん》仏国の為せし所を為して、以て本邦の政体を改正する有らんと欲する者、亦《また》其人無しと為さず」（『東洋自由新聞』）

その上で、兆民は以下のようなことを説いたのです。

――共和政治は「レスピュブリカー」の訳語に他ならないが、その原義はもともと「公共のもの」という意味である。政権をもっていやしくも全国民のものとなし、有司に私させないときは皆「レスピュブリカー」だといってよい。ゆえに、君主の下の共和政治もあれば、人民主権の下の共和政治もある。そして、本当の共和というものは名義だけでいうのではなくて、大切なのは実体で、政治が本当に「公共のもの」になっているか否かが問われねばならない。しからばフランス革命のフランスはどうかというと、これは共和政治のモデルにはならない。むしろ、イギリスこそが「レスピュブリカー」の実体を表している。自分が理想とするのは、むしろこのイギリスの「君民共治」の政治のほうなのだ、と。

兆民はこう述べ来たりつつ、要は「共和政治」という名義が大切なのではなく、むしろ政治の実際が「公共のもの」となっているか否かが問われるべきであり、その意味で、自分はこれから無意味な誤解を避けるためにも、「共和政治」をむしろ「君民共治」と呼ぶことにしたい、とすら説いたわけです。

他方、福沢諭吉は「帝室論」「尊皇論」といった論文を通して、天皇制度の意味が政治の世界のその上の、いわば高度な精神的文化的な次元にあることを、「帝室は万機を統《すぶ》るものなり、万機に当るものに非ず」と説きました。自分は政府党のように百事を挙げて天皇に帰し、何もかも天皇を利用しようとすることには勿論《もちろん》反対であるが、しかし天皇をむしろそうした政治社会の塵埃《じんあい》を超越したものとして、その尊厳・無比の神聖性を主張するものだと述べたのです（「帝室論」）。

「帝室は政治社外のものなり。苟《いやしく》も日本国に居て政治を談じ政治に関する者は、其主義に於《おい》て帝室の尊厳と其神聖とを濫用《らんよう》す可らずとの事は我輩の持論にして、之を古来の史乗《しじょう》に徴するに、日本国の人民が此尊厳神聖を用ひて直《ただち》に日本の人民に敵したることもなく、又日本の人民が結合して直に帝室に敵したることもなし」

その上で、福沢はさらにつづけます。

「我輩は赤面ながら不学にして神代の歴史を知らず、又旧記（古典）に暗しと雖《いえ》ども、我帝室の一系万世にして、今日の人民が之に依て、以て社会の安寧を維持する所以《ゆえん》のものは、明に之を了解して疑はざるものなり。此一点は皇学者と同説なるを信ず、是即ち我輩が今日国会の将《ま》さに開かんとするに当て、特に帝室の独立を祈り、遙《はる》かに政治の上に立て下界に降臨し、偏なく党なく、以て其尊厳神聖を無窮《むきゅう》に伝へんことを願ふ由縁《ゆえん》なり」

自分は決して世にいう国体論者ではないけれども、天皇がおられればこそこの日本の国はまとまり、安寧を維持することができるのだと考えている。その意味で、国会が開かれることになっても、天皇は官だの、民だのに左右されることなく、はるかに政治社会の上に君臨し、尊厳を保ちつづけてもらわなくてはならない、と共和思想にかぶれてしまった若者たちに対して説いたのでした。

元老院の国憲案と各参議の意見書

こうした状況の中、明治九年、政府の中で「将来の憲法案のベースとなるものを起草せよ」という詔が、明治天皇から時の元老院議長・有栖川宮熾仁親王《ありすがわのみやたるひとしんのう》に対して下されれます。

「朕《ちん》将《まさ》に我が建国の体に基づき、海外各国の成法を斟酌《しんしゃく》し以て国憲を定めんとす。汝《なんじ》等《ら》其れ宜《よろし》く之が草案を起創《きそう》し、以て聞《ぶん》せよ。朕将に撰ばんとす」

つまり、世界各国の憲法を参考にしつつ、日本の国体に基づく憲法草案を起草して提出することが、天皇の名をもって命じられたのです。

これを受けた元老院としては、大いに立法の府としての使命感を感じ、憲法草案の起草に当たったことは間違いありません。しかし、海外各国の憲法を急ぎ収集し、参考にする中で、その背景にある思想の整理を充分せずに起草してしまった部分もあり、三年を費やしてようやくでき上がったこの憲法案は、憲法としての整合性と統一性に欠けた、世界各国の憲法のツギハギのようなものになってしまったことも否めません。

例えば、国体に関する部分では「天皇は即位のときに、議院を招集して国憲を遵守《じゅんしゅ》することを誓う」といったような規定が設けられました。確かにヨーロッパの憲法にはそのような規定が多く見られることは事実です。しかし、それはあまりにも日本の歴史・

伝統を無視した不用意・未熟な条文といわなければなりませんでした。五箇条の御誓文のときもそうであったように、天皇はむしろ神々に誓われるのがわが天皇の本質的ありようであり、皇祖皇宗のご神霊に誓われるという天皇のご誓約の厳しさが、この起草者たちにはまったくわかっていなかったのです。

また、皇位継承についても致命的な欠陥が見られました。男系継承に困難が生じるという「止むを得ざるとき」には、「女統入りて嗣《つ》ぐ事を得」との女系容認の規定が置かれるとともに、「特別の時機に際し帝位継承の順序を変易することを必要とすることある時は両院の承認を得べし」とする、皇位継承に「議院の介入」を安易に認めるがごとき規定が置かれていたことです。これはまさに国体を踏まえぬ由々《ゆゆ》しき規定ということで、当然批判の対象となったのです。以下はこれを批判した伊藤博文の言葉です。

「各国の憲法を取り集め、焼き直し候までにて、我国体人情等には聊《いささ》かも注意致し候ものとは察せられず、畢竟《ひっきょう》欧州の制度模擬するに熱中し、将来の治安、利害如何を顧み候ものにこれなきよう存じ奉り候」

むろん、この元老院の憲法草案の中にも評価できる規定がなかったわけではありません。例えば、第一条に掲げられた「万世一系の皇統は日本国に君臨す」とする条文です。これはおそらく、明治憲法の第一条にもなんらかの影響を与えることとなった条文として注目されてよいものです。ただ、全体を見ると、やはり「建国の体に基づく」日本の国体などほとんど踏まえられていないということで、岩倉具視、伊藤博文の手で握りつぶされてしまう運命にあったのです。

ところで、このようにしている間にも、民間からはどんどん私擬憲法案が出てきております。その中には民定憲法を主張するようなものもあり、政府内でもこのような事態の進行を憂慮し、対策の急務を指摘する声が高まっていきました。「荏苒《じんぜん》歳月を経ば、王室の安危《あんき》に関するも計り難し」とするような認識です。

そうした中、明治天皇は各参議たちに、このような切迫した状況の下での立憲政治導入に対する意見書の提出を求められました。以下はその要求に応えたものですが、まず伊藤博文のものから紹介してみることにいたしましょう。彼のこのような事態への認識は以下のようなものでした（以下は要旨）。

「維新以来、急激なる進歩変遷《へんせん》があったのに、これを喜ばずして不平を有し、その極には一変して急激の論を唱え、政府に抵抗し、世論を激成《げきせい》し、もって自ら快しとする者が少なくない。これらの者は西欧政体の新説を流行させ、凶暴の説をもって人心を惑わせ、現に人心を脅かしている。これに対しては、天下の大局的方向を定めることをしないと、人心は停止するところを知らず、しかして凶暴な説が民を率いて立つときは収拾すべからざる状況にいたる。よって、まず天皇が親しく聖断を下して、天下に立憲の大旨を示し給うとともに、天下に告ぐるに漸進《ぜんしん》の主義をもって示されるならば、無知の民が凶暴の徒に惑わされることは免れるのではないか」

ただ、この時点では伊藤博文は憲法をつくるべし、議会を開くべしというところまではいっておりませんでした。「元老院の拡張」がその対案だったのです。

ところが、政府内でも一番の保守派だと思われていた山県有朋《やまがたありとも》が、このままでは大変なことになる、なんとか政府内で憲法づくりを始めるべきではないか、という危機感あふれる意見書を出したのです。

「海外自由の思想が軽薄な気風とともに流入してきて人心を刺激し、政府に欠陥あれば、これを怨府《えんぷ》とするに止まらずして、ついに臣子の言うに忍びざる者あるに至るも、測るべからず。これに対処するには、ただ国憲を確立するに在るのみ。しかして、今の計としては、特撰議会を開くの策がよい。府県会の中から知にして賢なる者を撰び、まず国憲の条件を議せしめる。これは臨時・過渡的な策ではあるが、こうしなくては政府は人民の怨府となり、維持しがたきに至る」

次に紹介したいのは、若い頃より伊藤博文とともに維新活動に奔走《ほんそう》した井上馨の意見です。井上もまた大変な危機感を吐露《とろ》しました。

「現在の政府には、実のところ人心を感服させるだけのものもなく、断然として威力をもって制圧するだけのものもない。この世論の趨勢《すうせい》には、もはや妄《みだ》りに威権をもって逆らうことはできず、況《いわん》や政府にはその威権の実もない。ただ、何の事業にも『予備』『序次』ということが肝要であり、国会を開くについても、まず民法を編成し、しかる後に憲法を制定して、以て王室、政府、人民の権限を明確にし、その基礎を固めた後に開くことが考えられねばならない」

木戸も大久保もいまはなく、残された岩倉を除けば、政府軽量の感は否めないものがありました。そんな中、彼らは在野の反政府派が主張する憲法制定、国会開設の声に押され、もはやここまでくればそれは避けがたい、あるいは彼等のいう「君民共治」の憲法も妥協の策として一考に値するのではないか、といった認識にいたり始めていたということなのです。むろん、政府内にも黒田清隆《きよたか》のような、未だにそれを時期尚早と断ずる参議もおりました。しかし、明治八年の「漸次立憲政体樹立の詔」もあり、立憲制導入の流れはもはや転換不可能なものでありました。

ただ、問題は現実の政策手順です。憲法制定、国会開設といっても、それをいつ、どのようにするかは、依然として判断の難しい問題でした。

天皇側近たちの国体論

ところで、当時の政府は、太政大臣・三条実美《さんじょうさねとみ》、左大臣・有栖川宮熾仁親王《ありすがわのみやたるひとしんのう》、右大臣・岩倉具視という三大臣が天皇を直接補佐し、その下に大隈重信や伊藤博文、あるいは山県有朋、黒田清隆といった参議が控える、といった形でした。実権は参議たちにありましたが、三大臣の重みもまた依然として大きなものがあり、とりわけ岩倉の存在を無視することはできませんでした。

そして、その岩倉は実は前出の参議たちとは根本的に異なる独自の憲法論を持っていたのです。これはきわめて保守的なものでありましたが、戦後の学者たちにとってはそもそも理解の範疇《はんちゅう》を超えていたのでしょう。これまではほとんど研究者たちの話題にさえされませんでした。

しかし、実はこれは非常に重要なものだというのが、私の考えです。これから論じていくように、明治憲法案は案が具体化していくとともに国体思想を色濃くしていったというのが現実でした。当初はほとんどプロシア憲法引き写しのようなものだったものが、いよいよ憲法草案として形をなす段階では、むしろ神話や国体論的論理によって基礎づけられるものへと変わっていったのです。そして、その形態転換の契機となったものが、こうした彼らの国体論的憲法論であり、政府内における彼らの存在であった、というのが私の認識であるわけです。

岩倉具視の憲法論は一言にしていえば、日本の神話に基づく国体思想ということになりましょうか。岩倉はこういいます。

「万世一系の天子上に在て、……諸臣、下に在り。君臣《くんしん》の道、上下の別、既に定て万《ばん》古不易《こふえき》なるは、我が建国の体なり。政体も亦宜《またよろし》く此国体に基づきて之を建てざる可からず。……抑《そもそも》、政体は、建国の体に基つきて之を建て、君臣の道、上下の分を明かにして、富強の基本を鞏固《きょうこ》にし、国家の運勢を興隆するを以て目的と為すべし」

また、公議政治についても次のようにいいます。

「議事院を設置するは、欧米各国の風を模擬するが如しと雖《いえど》も、決して然《しか》らず。我が皇国に於《おい》て公論を採るは、既に神代に昉《はじ》まれり」

欧米諸国の真似をして議会をつくるのではない。『古事記』を繙《ひもと》いてみてほしい。天照大御神が天の岩戸にお隠れになられたときも、神々が天の安河《やすのかわ》に集まり、どうすればいいかをみんなで議論したではないか。これが日本の伝統であり、公議政治はまさにこうした日本固有の国体の伝統の中にあるのだ、というのです。

その上で、岩倉はいいます。

「抑《そもそも》、大政維新の鴻業《こうぎょう》は何に由て成就したるかと言えば、即ち天下の公論に由て成就すと言はざるを得ず。多年有志の人が大義を明かにし、名分を正すことを論じ、而《しかし》て幕府の失政を責めて、遂に今日の盛運を致したるに非ずや」

これは本書の中心モチーフといってもよいものですが、「大義を明かにし、名分を正す」「公論を採る」というかかる有志の人たちの思想・行動があったればこそ、明治維新が成就したのだ、と岩倉はいうのです。つまり、この国にとって大切なことは、まずその「大義を明かにし、名分を正す」ということで、「公論を採る」というのも、国民だけで決めるとか、天皇が人民と相談して決めるということではなく、天皇が主となって「公論」を国民に求めるということに他ならない。それに対し、国民から大いに意見を出し、それを天皇が権威をもって裁決する。そしてそれに国民が従う。これこそが国体であり「公論」である。ところが、これを国民の議論だけで決めるというのでは、それは権威がなく、一方がもう一方を否定するだけの結果に終わってしまう。だから、まずは建国の理念をはっきりさせなくてはならないのだ、と。

「上古天神は諾冊《なぎなみ》（イザナギ・イザナミ）二尊に勅して国土を経営し、億兆を生々す。亦之を統治するの道なかる可《べ》からず。天神《あまつかみ》乃天孫を降臨せしめ、神胤《しんいん》をして国土の主たらしむ。是に於《おい》て乎、万世一系の天子統治するの国体、建つ。是に於て乎、億兆各其分を守り、君臣の義定まる。……是を以て、天子は億兆を愛して王者の大宝《おおみたから》と曰《い》い、億兆は天子を尊んで上御一人と曰う。是即ち我が建国の体にして、宇宙之間決して其等倫の国あらざるなり」

これこそが守るべき「建国の体」、すなわち国体ではないか。これを中核に置かずして日本の立憲などありえない、と岩倉は強調するのです。

ちなみにいえば、先に紹介した各参議の意見書の中にも、実はこれに呼応する意見書がありました。大木喬任《おおきたかとう》の意見書です。大木はその中で、「開明者流の為には多々の誹《ひ》笑《しょう》を受くべきは素より覚悟」としながらも、憲法を起草するのであるならば、西洋諸国とはまったく異なる「皇邦建国の基礎」、すなわちわが神話に示された国体を踏まえなければならない、と主張したのです。

「皇邦建国の体これ（外国の体）に異なり、天祖《てんそ》詔《みことのり》を垂れ天孫降臨《てんそんこうりん》す。是に於《おい》てか民に定君あり、而《しか》して君民の分判る。天位の一系は偶然に非ず、陛下これを列聖聖皇に受け、列聖聖皇これを天祖天孫に受く。然《しか》れば則《すなわち》、天祖の遺詔《いしょう》（天壌《てんじょう》無窮《むきゅう》の神勅《しんちょく》）、安河の議、即ち皇邦建国の基礎たり」

しかしながら、今日の状況を見れば、人々はこの「建国の基礎」を見ようともせず、それどころか、かかるわが国の「不文の法」や神話を、むしろ「未開の怪説」のごとく見下し、ただ外国の説を無批判に賞讃するような議論ばかりである。

「遂に皇邦国礎の在る所を思わず、乃《すなわ》ち英を引き、仏を援《ひ》き、独を証し、米に照し、我政体以て悉《ことごと》く彼に模擬せんと欲す。講演演説美爾《ミル》を祖述し、爾須《ルソー》を翼賛《よくさん》し、以て人心を蠱惑《こわく》す。近時に至ては唯書生輩のこれを唱うるのみにあらず、皓首《こうしゅ》の者（年寄り）も亦雷同《またらいどう》する有り。是果して何の心ぞや」

果たしてこんな主体を見失った情けない議論でよいのか。こんなことでは確固たる国家の基礎など定まるはずがない。――かくて、大木は以下のように断ずるのです。

「臣愚断じて以為《おもえら》く、今邦家の基礎を定めんと欲せば、宜《よろし》く外邦の国憲に倣《なら》うべからざる也。今明治八年の詔《みことのり》を尋て、宜く帝憲及び政体を定むべし。而《しか》して又陛下預《あらかじ》め国会興すべきの期を計り、法律制度これが備えを為し、因《よっ》てその期を以て天下に示すべき也、帝憲なる者は宜く皇邦国礎の在る所、及び天皇民を安んずる所以の源、その他帝室の憲章に関する所を明かにすべし。政体なる者は宜く三権の分別、及び設官の要旨、その他議会の綱領を明かにすべし。而して帝憲は金石と不朽の者たり。政体は時に臨んで更革せざるを得ざる者たり。この二者を合すれば則《すなわ》ち外邦国憲の事に外ならず」

大木は決して国会開設と国憲制定そのものに反対したわけではありませんでした。むしろ、それには「期を以て天下に示すべき」と、前向きな姿勢さえ示していたのです。ただその前に、まずわが「建国の体」を明らかにした「帝憲」を定め、その上で国会のあり方等を規定する「政体」を定めるべきだと主張したのです。

ついでに、もう一つ触れておけば、実はこの大木の意見に天皇の側近であった元田永孚《もとだながざね》が大いに共鳴していたということです。元田のここでの役割は各参議の意見に対する感想を天皇に奏上《そうじょう》するというものでした。つまり、「果たしてこれはどのように考えればよいか」と明治天皇が意見をお求めになられたときに、「私はこう考えます」という奉答《ほうとう》をなすのが元田の役割であったのです。

ちなみにいえば、元田は既に明治十二年に、以下のような自らの意見書を明治天皇に奉呈《ほうてい》しておりました。

「陛下の所謂《いわゆる》立憲政体とは、英国の如き立憲政体を云うに非ず。即《すなわ》ち日本帝国の立憲政体なり。日本帝国の憲法を立《たつ》るは、即ち陛下の宸断《しんだん》を以て、我邦の憲法を立るなり。其の憲法は即ち天地の公道に基づき、祖宗の国体に由《よ》り、古今上下の民情風俗に適度したる憲法なり。是他無し、即ち推古帝《すいこてい》の憲法を拡充し、大化大宝の制令法度《はっと》を潤《じゅん》色《しょく》するなり」

元田はこうした考え方から、大木の意見書に対し、以下のような感想をあえて奏上しました。

「大木参議の帝憲・政体を分析して之を建るの議に於《お》いては、最上の至論《しろん》とす。方今《ほうこん》の急務は国体を扶植《ふしょく》し、帝憲を確守《かくしゅ》して、横議風潮《おうぎふうちょう》の大勢を挽回《ばんかい》するを以て、第一義とす。故に此の議を以て、首として陛下の之を嘉納《かのう》し、速に国憲調停の挙あらんことを庶幾《しょき》す」

と同時に、憲法を制定するとするならば、むしろ今日こそその機であり、決して無為にそうした機を失するようなことがあってはならない、とも述べました。

「維新後にいたり、俄《にわか》に洋風に移り、時勢の赴《おもむ》く所、民権国会・自由共和の説横行し、民《たみ》皆狂瀾《きょうらん》の中に酔倒《すいとう》して方向を失う。実に往昔に百倍す。今国体に由《よ》りて速かに帝憲・政体・民法を定め、以て天下に明示し、我神州の国体万国に卓絶《たくぜつ》なる所以《ゆえん》と、民法の外国と異なる所以と、且《かつ》西洋法の当《まさ》に取るべき所と取るべからざるとを知らしむべし……若《も》し今日を置いて他日に譲らば、則《すなわ》ち洋風横議《おうぎ》の狂湧、日一日より甚《はなは》だしく、遂に歇抑《けつよく》すべからずして、帝室の患害、亦《また》測るべからず。是臣が今日に於《お》いて憲法を立つるを要するの主義なり」

ところで、実はここでもう一つ元田に意識されていたのは、「君民共治」という考え方の危険性でした。そのどこに問題があるのかと読者は思われるかもしれませんが、その背景には、当時の政府の形態を安易に「君主専制」と理解し、いずれは「民主制」が世の流れなのだろうが、わが国の国体を考えればそうもいかない。しかし、時流というものを考えればそれに逆らうわけにもいかない。そこでその中間をとり、とりあえずは「君民共治」ということで乗り切っていく他ない、とする無思慮な発想があったということです。いわば「君主専制」→「君民共治」→「民主制」という歴史図式です。その対象となるのは伊藤博文、山県有朋、井上馨、そして後に述べる大隈重信の意見書でしたが、元田はこれを断固排さなければならないと考えたのです。

「又国会論者の主義を聞くに、我政体を以て君民共治と為《なさ》んと。参議の論中にも亦《また》、国会を起して以て君民共治の大局を成就するは甚《はなは》だ望むべきのことなりと云《い》う。此の如くんば、是遂に君民共治を欲するなり。国体を変更するに至るなり。以て甚《はなはだ》不可なりとす。我国は万世君主仮令《たとい》制度は英制を取るも、君主自ら之を定《さだむ》るなり。言は輿論《よろん》に求むるも、万機一《ひとつ》も宸裁《しんさい》に決せざるなし。故に之を君主立憲と云うべく、決して君民共治と云うべからざるなり。決して国体を変更するに非ざるなり。孔子曰く、名を正すを以て先とす。名の在る所、実之に従ふ。故に君民共治の名、政府の当局者の決して云うべき所に非ざるなり」

もちろん、この「君民共治」の論は、さらに中江兆民や福沢諭吉などが唱えているものでもありました。既に見てきたように、中江は「共和政治」とは政治を天皇と国民がともにすることだと説いておりましたし、福沢は天皇は政治にかかわるべきではない（つまり政治を担うのは国民）との立場から、英国のような「君民共治」が日本のモデルになるべきだと説いてもおりました。しかし、それは「言は輿論に求むるも、万機一も宸裁に決せざるなし」を原則とするわが国体には適合しない、と考えたのが元田（さらにいえば岩倉、大木）であったということなのです。

そして実をいえばもう一人、明治憲法起草の立役者でもある法制官僚・井上毅《こわし》もまた、その心情は岩倉に近いものを持っていたのです。しかし、井上はフランス留学の経歴が示すように、むしろ草分け的に西洋法学を学んだわが国を代表する法制官僚で、岩倉、大木、元田のように、いきなり「天《あま》の安川《やすのかわ》の議」だの「推古帝の憲法」だのといって済ませられる立場にはありませんでした。心中にはそのような考え方を持ってはいても、それがそのまま政治の場——とりわけ民権派——にも通用するものだとは、この時点ではとても考えることすらできなかったのです。

その頃の井上にとっての憲法とは、やはり欧州人のいう「コンスチチュシオン」のことであり、それはあくまでも「君主専制」に対する「君権限制の政」をいうものであって、それを律令格式や十七条憲法と同列に論ずるわけにはとてもいかない、というのが井上の感想だったのです。そんなものを憲法だと強弁するとすれば、国民はおそらく「怨望憤慨《えんぼうふんがい》」し、「仏国（のごとき）大変革、或《あるい》は此の時に起らんも亦《また》知るべからず」とさえ述べていたのです。

ただ、井上はそうした西洋法学的な考え方にいつまでもとどまってはおりませんでした。後にも述べるように、その後井上は大きな思想的転回を遂げ、むしろ西洋法学を踏まえた「日本流憲法学」へと大きく成長していきます。それはまさに、明治憲法制定の本質にもかかわるドラマということもでき、そのことについては第三章でじっくり語らせていただきたいと考えます。

大隈重信の意見書

さて、話は前後しますが、立憲政治への対処のあり方をめぐる各参議の意見書の一つとして、明治十四年三月、最後に大隈重信の意見書が提出されます。ところが、これがかつてない大きな波紋を閣内に投げかけることとなったのです。

それは、翌年末までの憲法の公布と、二年後である十六年初めの国会開設、そしてイギリス流の議院内閣制の導入——を主張する破天荒《はてんこう》きわまりない意見書でした。二年後という国会開設の期限設定もさることながら、この意見書にある、国会において過半数を制した政党の首領をもって内閣を組織せしめ、その委任された首領はその政党員をもって内閣を構成し、またその内閣が国会で多数を失えば当然のごとく交代となる——とのこの急進論は、当然のことながらまず岩倉の驚愕《きょうがく》を呼び、ついで伊藤の大きな怒りを呼ぶこととなったのです。まさにそれはイギリス流の議院内閣制をそのままわが国に移植せんとするにも等しい議論であったからです。

むろん、このアイデアは大隈一人のものではありませんでした。というより、この意見書の執筆は矢野文雄（龍渓《りゅうけい》）という慶應義塾出身の俊英であり、福沢諭吉の推薦により官途に就き、当時大隈の幕下にあった人物の手になるものであったのです。国会を早期に開設してイギリス流の議院内閣制を実現するというのは福沢の主張でもありましたが、矢野はこの福沢の門下生の集まりである交詢社《こうじゅんしゃ》の名による私擬憲法案作成の中心人物でもあり、矢野はまさにそれと同様の議院内閣制の主張を、この意見書に盛り込んでいたのです。この大隈の意見書の背後には福沢グループがおり、大隈は彼らと謀って薩長藩閥政府の打倒を企《たくら》んでいるのではないか、とする「大隈陰謀説」が後に唱えられるにいたったのも、まさにそうした背景事情ゆえというべきでした。

井上毅の反駁と工作

ところで、この大隈意見書を見た岩倉は、懐刀《ふところがたな》ともいえる井上毅にそれを即座に見せ、意見を求めました。井上は驚くとともに、すぐさまその共和制にも等しい本質を鋭く指摘する文書をまとめ、それを岩倉に提出したのです。

曰《いわ》く――この議院内閣制の下では、英国の「議院」はただ立法の権を持つのみならず、いまや行政の実権をも把握するにいたっている。英国の諺《ことわざ》には、「議院」は男をしてそれを女にし、女をしてそれを男にすること以外になし得ないことはない、との言葉すらあるほどだが、なぜそうなったかといえば、英国の国王が政治の実権を専ら「内閣宰相」に委ね、その「内閣宰相」はすなわち「議院の多数」により進退することとなってしまっているからだ。それゆえ内閣は「多数政党の首領」の支配するところとなり、その「内閣宰相」は議院多数が変わるたびに変更することともなる。それはまさに「一輪動いて二輪これに応ずる」がごときであり、いまや「内閣宰相」というより「議院」が行政の実権までをも把握することとなっている理由である――と。

そのとき、井上毅の近くにいたのがロェスラーというドイツから来たお雇い外国人でした。ロェスラーは、進歩的な立憲論者であると同時に、君主制というものに独自の現代的価値を認めるユニークな君主制論者でもありました。それゆえ、君主制は決してかかる議院に、その統治の実権を譲るようなものであってはならない、との強い信念を持っていたのです。井上はそのロェスラーに、イギリス議院内閣制の問題点を問い質《ただ》すこととなります。そして次のような認識を得たのです。

「国王は一に議院多数の為に制せられ、政党の勝敗に任じ、式（きまり）に依《よ》り成説

（既に決定された方針）を宣下《せんげ》するに過ぎずして、一左一右、宛《あたか》も風中の旗の如きのみ。故に、名は行政権専ら国王に属すと称すと雖《いえ》ども、其実は行政長官は即《すなわ》ち議院中政党の首領なるを以て、行政の実権は実に議院の政党の把握の中に在り。名は国王と議院と主権を分つと称すと雖ども、其実は主権は専ら議院に在りて、国王は徒に虚器を擁するのみ。是れ其実形、宛も我国中古以来、政治の実権武門に帰したると異なることなし」（傍点著者）

イギリスは君主制だというが、もはやその実態はまったくない。それはわが日本が鎌倉幕府以降、政治の実権を武士に譲ってしまったのとほとんど同じだといってもよい。それが井上が得た認識でした。イギリスはもはや君主制ではないというのです。

ロェスラーの数少ない研究者の一人であるヨハネス・ジーメスは、これを教示したロェスラーのイギリス議院内閣制への認識を次のように解説しています（『日本国家の近代化とロェスラー』）。

「ロェスラーは井上に対して、何故に英国の憲法体制が真の君主制に適合しないか、またいかなる点でプロイセンの憲法が模範とされるべきかを詳細な意見書の中で述べている。ロェスラーの意見書の中では、英国の議会制による政体組織の鋭い分析が注目に値する。彼はそれを、多数派政党が国家権力を吸収する制度として把え、そこでは内閣が政党の執行委員会であり、君主は政府権力の実際的行使から排除されていると考えた」

それとともに、井上は実際面からもこの大隈の意見書に反駁《はんばく》しました。

曰く――英国には二大政党があり、それが相互に政権のやりとりをするというが、この日本にはその肝心な政党さえいまは未結成であり、現在の内閣を議院が別の内閣に交代をさせようとしても、それに代わる別の内閣をつくり得るだけのその多数党が存在しない。と同時に、おそらく日本で今後予想されるのはむしろ小党分立だと思われるが、そうなればそれが相互に足を引っ張り合う形の熾烈《しれつ》な争いとなり、ついには対立のあまり兵力を借りるような事態すら起きないとも限らない。

また、政権交代とともに現在の内閣員をすべて更迭《こうてつ》するとなれば、当然それに代わる人材を在野に求めざるを得ない。しかし、果たして二、三の名ある俊傑《しゅんけつ》を除き、その重任に耐《た》えうる人材が民間にどれだけいるだろうか。おそらく現在の薩長内閣が退陣しても、その後を継げるような中身のある内閣はなかなかできず、政権交代が円満に行われることはほぼ絶望的ではないか——。

そして、このような反駁を行った後、井上はもし日本が外国に学ぼうとするのであるならば、それはイギリスではなく、むしろプロシアだとしたのです。

「普魯西《プロシア》の如きは国王は国民を統《す》ぶるのみならず、且実《かつ》に国政を理（判断）し、立法の権は議院と之を分つと雖《いえ》ども、行政の権は専《もっぱ》ら国王の手中に在りて、敢て他に譲与せず。国王は議院政党の多少に拘《かか》わらずして、其宰相執政を選任するものとす。識者、内閣更替《こうたい》の速《すみやか》なるは国の平安を扶《たす》くる所以《ゆえん》なりと謂《い》う。予《よ》は識者の或《あるい》は英国の成蹟に心酔して、我国の事情を反照せざるものなるを疑うことを免れず。立憲の大事、方《まさ》に草創に属し、未だ実際の徴験を経ず。其一時に急進して事後の悔《くい》を胎《のこ》し、或《あるい》は與《あた》えて後に奪うの止むを得ざるあらしめんよりは、寧《むし》ろ普国に倣《なら》い、歩々漸進《ぜんしん》して後日の余地を為すに若《し》かずと信ずるなり」

当時、日本ではプロシアを始めとする所謂「ドイツ主義」の憲法を勉強した学者は皆無でした。アメリカかフランス、イギリスの憲法をもってきて、これが外国の憲法だといっていたわけです。中でもその大勢はイギリス型でした。福沢諭吉や中江兆民もイギリス型がいいといっていたことは既に述べましたが、イギリス型こそが日本のモデルだということで、民権派は政府を責め立てていたのです。

ところで、井上毅から大隈の憲法意見は断固「不可」とするかかる意見書を提出された岩倉は、次は伊藤博文にその大隈意見書を見せます。「大隈からこういうものが出てきているが、どう思うか」と感想を問うたわけです。

これに対する伊藤の反応は激烈でした。「確かに、自分はイギリス型をまったく否定するわけではないけれども、こんなに急進的にやるなどとは、大隈は一体何を考えているのだ」と突如激怒したのです。「政府の中では薩長が主流である。肥前藩出身の大隈はいつまでも主流にはなれない。そこで大隈は福沢諭吉など在野の者と組んで、その力をバックに自分たちに対して挑戦してきたのではないか」と、大隈に対する不信感を一気に高めたのです。「これは許せない」と。

伊藤は一時、「そんな大隈などとは、もはや一緒に仕事はできぬ」と辞意を表明すらしました。しかし、それは政府の安泰を重視する岩倉の取りなしもあり、日ならずして撤回されるのですが、しかしそこで生じた大隈への決定的な不信感は、容易に解消されるものではありませんでした。

そんな中、井上の工作が始まります。井上はなんとしても大隈意見書を葬らねばならないと考えておりました。また単に葬るのみならず、これを機にむしろドイツ主義の採用を政府に求め、その路線の下で伊藤を責任者とした「憲法起草の体制構築」を一気に進めたいと考えたのです。井上にとって、その構想の第一の後ろ盾はもちろん岩倉に他なりませんでしたが、実務の中心となり得る者はやはり伊藤の外には思い当たりませんでした。かくて井上は伊藤に迫ったのです。

「不肖《ふしょう》、現今の景況を熟察《じゅくさつ》仕《つかまつり》候に、昨年国会請願の徒、今日音を入れ候は、決して静粛に帰し候に無之《これなく》、即ち各地方の報告に拠るに、皆憲法考究と一変いたし候に有之《これあり》。其憲法考究は即ち福沢の私擬憲法を根にいたし候外無之、故に福沢の交詢社は、即ち今日全国の多数を牢絡《ろうらく》し、政党を約束する最大の器械に有之。其勢力は無形の間に行はれ、冥々《めいめい》の中に人の脳漿《のうしょう》を泡醸せしむ。其主唱者は十万の精兵を引《ひき》て無人の野に行くに均し。……若し又是れに反して、政府は英国風の無名有実の民主政を排斥《はいせき》して普魯西《プロシア》風の君主政を維持するの廟算《びょうさん》ならば、八年の聖詔《せいしょう》を実行し、政府主義の憲法を設けて、以て横流中の塁壁《るいへき》を固くし、人心の標準を示す事、一日も緩くすべからざる歟《か》と存候。普魯西風の憲法を行ふ事は、如き《かくのごと》此風潮の中に於て至難の勢なるべしといへども、今日に在ては猶是を挙行し、多数を得、以て成功に至るべし。何となれば英国風の憲法論未だ深く人心に固結するに至らずして、地方の士族中、王室維持の思想、猶其余瀝《よれき》を存するもの、必ず過半に居ればなり。若《も》し今を失ふて因循《いんじゅん》に付し、二三年の後に至らば、……政府より提出せる憲法の成案は輿論《よろん》の唾棄《だき》する所となり、而《しか》して民間の私擬憲法、終《つい》に全勝を占むるに至るべし。故に今日憲法制定の挙は寧《むし》ろ早きに失ふも、其遅きに失ふべからず」

明治十四年の政変と国会開設の詔

その一方、まさにそうした動きの中で、北海道開拓使官有物払い下げ事件というものが起こったのです。これは薩摩出身の開拓使長官・黒田清隆が同郷の五代友厚《ごだいともあつ》に、格安の金額で官有物を払い下げようとしたことを契機に問題となった事件で、ことが明るみに出ると、あまりに価格が安価だと政府に対する強い不満が起こり、とりわけ福沢系の新聞がそれにかかわる疑惑を書き立てるにいたった事件です。藩閥政府批判の声が一気に高まりましたが、ところがこれに乗じて大隈系の官僚もまた政府内で騒ぎ立てたため、これに対する大隈の関与が疑われることになったのです。

時あたかも、既に述べたように、一方では憲法意見書をめぐり、政府内では大隈への不信が高まっておりました。それゆえ、大隈が福沢、板垣、後藤ら民権派とも連携してこのような民権主義の憲法論を振りかざし、この事件を利用して薩長政府打倒の「陰謀」を策しているのではないか、との風説が一気に広まっていったのです。

こうなれば、もはや政府としても座視してはおれません。大隈を閣内から追放するとともに、開拓使官有物は払い下げ中止とし、さらに盛り上がる国会開設要求に対処するため、政府から国会開設の約束をなし、反政府運動の沈静化を図る、という方針が決められました。これにより大隈は参議を罷免《ひめん》となり、併せて政府内の大隈系の官僚も一挙追放となったのです。これが世上「明治十四年の政変」と呼ばれる事件です。

以下はかかる事態の収拾策を提案した井上の意見書の一節です。

「現今の景況、立志社其他昨年之請願連中は、府中に於《おい》て国会期成会を催し、福沢は盛に急進論を唱へ、其党派は三四千に満ち、広く全国に蔓延《まんえん》し、……此儘《このまま》打過候には事変不測と相見え候。若《も》し……早々聖旨を以て、人心の方向を公示せられず候而《そうらいて》、一度彼より先鞭《せんべん》を著《つ》けられ候に至らば、憲法も徒《いたずら》に空文に帰し、百年之大事を誤り、善後の策なきに至り候は必然と奉《ぞんじたてまつり》存候、況《いわん》や此度内閣に小変動を生じ候はば、一層風潮を激し、一時之勢は政府之全力を用ひざれば、撲滅《ぼくめつ》すべからざるに至るべし、是を為すには勅諭《ちょくゆ》を以て廟謨《びょうぼ》を示し、且《かつ》名義を正うし、旗色を見せ、全国勤王の士に力を著け候事、第一之急務と奉存候」

その結果、それまで決定を引き延ばしにされていた憲法制定、国会開設に対する政府の方針も一挙に決定される運びとなりました。つまり、井上が岩倉に提案したイギリス流の議院内閣制を排し、プロシア流の君権主義を採用するとの憲法起草方針が、政府の基本路線として設定されたのです。同時に、憲法は欽定《きんてい》憲法とし、明治二十三年を期し国会を召集するとの大方針も決められました。井上の岩倉への提案がすべて形となったといえましょう。

以下は、そのときに渙発《かんぱつ》された詔書の一節です。

「我が祖、我が宗、照臨《しょうりん》して上に在り。遺烈《いれつ》（祖先の功業）を揚げ、洪模（偉大な計画）を弘め、古今を変通し、断じてこれを行う。責《せめ》朕が躬《み》に在り。まさに明治二十三年を期し、議員を召し、国会を開き、もって朕が初志を成さんとす。今在廷臣僚に命じ、假《か》すに時日をもってし、經画の責に当たらしむ。その組織権限に至りては、朕みずから衷《ちゅう》（中道）を裁し、時に及びて公布するところあらんとす」

自由党と立憲改進党

むろん、これは天皇の約束ですから、もはや動くことはありません。それまでは「早くつくれ！」「いやもう少し待ってほしい！」とやっていたのが、このときからは、もはや誰もが否定することのできない絶対の既定方針となりました。となれば、もはや国会開設要求という段階は終了です。むしろ決まった国会開設に向け、本格的な政党をつくっていこうとの新方針を掲げる段階に入ったのです。

そして、そうした中、それまでの国会期成同盟を母体にして最初に結成された政党が、板垣退助率いる自由党でした。この国会期成同盟は行動力は抜群で、それまでの在野の民権運動もこの彼らのエネルギーに引っ張られて進んだという面がありました。ただ、自由党にこのようにエネルギーに満ちた党ではありましたが、理論的にはバラバラで統一がとれておらず、いずれ開設される国会においても、何を主張し、いかなる政策の実現をめざしていくべきかについては、結局最後までコンセンサスを成立させることができずに終わったとされています。

一方、立憲改進党は明治十四年の政変で政府を追放された大隈重信が中心になってつくられた政党でした。大隈は佐賀の出身でしたが、彼が政府内で重きをなしたのは、自分の家を梁山泊《りょうざんぱく》と呼び、多くの書生をそこに住まわせ、彼らを育てて次々と政府に送り込んでいったからだとされています。そのため大隈が失脚することになると、この大隈一党も政府から一緒に追放されることとなりました。かくてこうした面々が中心になってつくられたのが立憲改進党だったのです。

このメンバーには、大隈と親密な関係にあった福沢諭吉の慶応義塾で学んだ若者が多く、優秀な人材には事欠きませんでした。彼らがつくった憲法案はイギリス型立憲君主制の理論で一貫しており、よく整理された優れたものでもありました。それが果たして日本の国情に適していたかどうかの評価は別として、それは憲法案としてはそれなりに完璧なものだったのです。後に井上毅が憲法草案をつくったとき、参考にした部分もかなりあったのではないか、とすら指摘されるほどです。

ところで、ここであえて強調しておかなければならないのは、両党の国体観です。既に繰り返し述べてきたように、それぞれ異なる色彩があったとはいえ、いずれもともに「尊皇主義」を標榜《ひょうぼう》し、「皇室中心主義」を唱えるものであったからです。以下に示すように、彼らは反政府ではあっても、決して天皇そのものに疑問を呈する存在ではあり得ませんでした。

まずは立憲改進党の趣意書を見ていただきたいと思います。むろん、中心者は大隈であり、そのめざすところは英国流の議院内閣制の導入でありましたが、ここでは興味深いことに、そのような主張は脇に置かれ、むしろ以下のようなことがとりわけ力説されているのです。

「幸福は人類の得んことを期する所なり。然《しか》れども少数専有の幸福は我党これに与《くみ》せず。蓋《けだ》し此《かく》の如き幸福は所謂《いわゆる》利己のものにして、我党の冀《き》望《ぼう》する王室の尊栄《そんえい》と人民の幸福とに反すればなり。王室の尊栄と人民の幸福は我党の深く冀望する所なり。……我党は実に王室の無窮《むきゅう》に保持すべき尊栄と、人民の遠栄に享有すべき幸福を冀《ねが》ふの人を以て此政党を団結せんとす」

大隈はかつて政府内にあったとはいえ、立憲改進党はいまや反政府勢力の牙城《がじょう》ともいえる存在でありました。にもかかわらず、その反政府の立憲改進党が、まずは王室の無《む》窮《きゅう》の尊栄を保ち、人民すべての幸福を実現していくことこそが、まさにわが党立党の目的だと主張したのです。しかして、その具体的公約としても、その冒頭以下のように明記しておりました。

「王室の尊栄を保ち、人民の幸福を全ふする事」

まさに「皇室中心主義」が立憲改進党の主張だとしたのです。

次は自由党です。自由党といえば板垣退助ということになりますが、以下に紹介するのはその板垣口述になるところの「自由党の尊皇論」の一節です。

「世に尊皇家多しと雖《いえど》も、吾党自由党の如き尊皇家はあらざるべし。世に忠臣少からずと雖も、吾党自由党の如き忠臣はあらざるべし。……吾党は我皇帝陛下をして英帝の尊栄を保たしめんと欲する者なり。故に吾党は所謂《いわゆ》る我君を堯舜《ぎょうしゅん》（中国古代の聖王）にせんと欲する者にして……深く我皇帝陛下を信じ奉るものなり。又堅く我国の千歳に垂るるを信ずる者なり。吾党は最も我皇帝陛下の明治元年三月十四日の御誓文、同八年四月十四日立憲の詔勅《しょうちょく》、及《および》客年十月十二日の勅諭《ちょくゆ》を信じ奉る者なり」

彼らの英国皇帝観が正しかったかどうかはともかく、読んでまさに字のごとく、「尊皇・忠臣とは、この自由党のことなり」と強調する熱烈たる尊皇の主張だといってよいでしょう。末尾には以下のような注目すべき言葉も見られます。

「吾党は我人民をして自由の民たらしめ、我国をして文明の国に位し、自由貴重の民上に君臨せしめ、無上の光栄を保ち、無比の尊崇《そんすう》を受けしめんと企図《きと》する者なり。……是吾党が平生堅く聖旨《せいし》を奉じ、自由の主義を執り、政党を組織し、国事に奔走《ほんそう》する所以《ゆえん》なり。乃《すなわ》ち皇国を千載《せんざい》に伝え、皇統を無窮《むきゅう》に垂れんと欲する所以なり」

このようにして政党が生まれていきましたが、実は意外なことに、この政党の活動は日ならずして急速に失速していくことにもなるのです。そこにはさまざまな要因が指摘されておりますが、要は資金難、政府による弾圧の強化、そうした中での運動方針をめぐる内部分裂、一部分子による運動過激化、そして自由党・改進党の間での泥仕合《どろじあい》にも等しい足の引っ張り合い、といったことでした。その結果、十七年十月には自由党が解党、同年十二月には改進党が活動停止、という流れとなっていくのです。政党はこれから約二年間、冬の時代に入ります。

伊藤博文、ドイツへ

明治十五年三月、政府内では十四年の政変の余塵《よじん》もようやく収まり、伊藤博文がドイツへ向かうことになります。井上毅が構想したように、憲法起草はドイツ主義に則《のっと》って行われることとなり、伊藤がその任を担うこととなったからです。

伊藤は英語は使えました。ただし英国憲法を学んだわけではなく、彼の中には独自の憲法論があったわけではありません。それはそれで大した問題ではなかったのですが、一方伊藤はプロシアをはじめとするドイツ系の憲法に通じていたわけでもありませんでした。ところが、政府が大隈の路線を否定してドイツ主義でいくとなれば、伊藤には大隈一派を上回るドイツ系の憲法知識を身につける必要が出てきたのです。伊藤には起草責任者として、それに耐え得る素養が求められたからです。

伊藤の心中はさぞ複雑だったことでしょう。確かにドイツ行きを命令したのは岩倉です。しかし、そこで誰に会い、何を学ぶかの具体的な作業目録を作成したのはロェスラーであり、井上毅であったからです。「自分はいまや筆頭参議となったにもかかわらず、実際の舞台まわしは井上毅などという官僚がやっている。冗談じゃない、このままでは下僚の井上毅に使われているだけではないか」と。

ただ、井上の活躍があればこそ、大隈重信の議院内閣制論に乗っ取られかけた政府を守ることができたという事実も否定できません。その結果、薩長主導がさらに強固になり、伊藤の政府内での存在感が一気に高まったことも事実です。複雑な気持ちを抱きつつ、伊藤博文はドイツに向かうこととなったのでした。

ドイツで当惑する伊藤

ドイツに渡った伊藤はまずプロシアで、プロシアを代表する法学者であったグナイストと会い、二つのことを学びます。

一つ目は、憲法というものはその国の歴史沿革を踏まえてつくられねばならない、ということでした。

その歴史沿革を無視して字面だけを見ても、憲法というものの本質はわからない。グナイストは「法は民族精神の発露《はつろ》である」とする自らの歴史法学の立場を強調しつつ、まず日本国の今日までの君民関係の実体、そして風俗・人情、その他過去の歴史を踏まえることとの重要性を説いたのです。

ちなみに、国家の沿革といえば、ドイツはいろいろな小国に分かれて連邦を組織していました。その中心がプロシア（プロイセン）で、他にもザクセンやバイエルンやヴェルテンベルグ等々といった小国がありました。しかし、それらがバラバラなままでは欧州列強に対抗してはいけないと、ウィルヘルム一世の治下、彼は鉄血宰相《てっけつさいしょう》ビスマルクとともにドイツ統一に乗り出したのです。その結果、誕生したのがドイツ帝国でした。むろん、各小国にはプロシア憲法やバイエルン憲法など、それぞれ特色がある憲法があり、それを統括するのがドイツ憲法でもありました。

二つ目は、意外な「専制論」でした。

グナイストはこういったのです。日本が憲法をつくるとなれば、いずれは国会を開設することにもなろう。しかし、たとえ国会を開設したとしても、その国会に無闇に権限を与えれば国家は成り行かなくなる。その意味で、とりわけ外交・兵制・会計（予算）の三点については国会に関与させてはならない——と。伊藤にはこれは「頗《すこぶ》る専制論」と映りました。

しかし、こうした論の背景にはプロシアの特殊事情がありました。プロシアでは議会に予算承認の権限を与えざるを得なかった結果、軍事予算が通らなくなるという事態が生じたからです。そこでビスマルクはどうしたかというと、五年にわたって議会の存在を無視したのです。予算を議会に提出しないという強硬策をあえてとりつつ軍備増強を断行、強引に軍事大国をつくり上げたのです。そして普仏戦争（一八七〇～一八七一年）でフランスを破り、ドイツ帝国隆盛の基礎を築いたのです。

実はこれと同じことは、伊藤がドイツ皇帝ウィルヘルム一世に拝謁《はいえつ》を賜り、陪食《ばいしょく》の栄を賜ったときにも、皇帝から直接聞かされました。皇帝はいったのです。「自分は日本天子のために、国会の開かるゝを賀せず」——と。そしてその上で、「国費を徴収するに当たっては、国会の許諾を要する」とするような下策に陥ってはならない、とも指摘したのです。

これではなんのために憲法をつくるのか、わざわざ憲法研究のためにドイツにやって来た意味がないではないか、と伊藤は大いに悩みました。

私に死処を得るの心地

ところが、三か月ほどがたち、伊藤は今度はオーストリアに向かいました。そこで会ったのがシュタインという学者です。シュタインは英語が話せたので、伊藤はまずは胸を撫《な》で下ろします。シュタインは憲法学者というよりも社会学者、政治学者と呼ぶにふさわしい幅広い知識を持った学者で、一つひとつの憲法の条文の細かな部分を解説するのではなく、そもそも憲法政治とはなんぞや、イギリス型の立憲制とは、ドイツ型君主制とは、といったことを哲学的に、政治思想的に講義をしてくれたのでした。伊藤は二か月にわたってシュタインの自宅で熱心に講義を受けました。

と同時に、ここで伊藤はイギリスとドイツの君主制について学び、当時のヨーロッパの流れはイギリス型からむしろドイツ型に変わりつつあること、ルソーやロックのような一世を風靡《ふうび》した社会契約論的な思想はもはや時代遅れとなっており、歴史法学的な思想がいまは主流になりつつあることなどを学んだのです。
ここで伊藤は岩倉に手紙を書きます。「心私《ひそか》に死処を得るの心地」とある、広く世に知られる手紙です。

「独逸《ドイツ》にて有名なるグナイスト、スタインの両師に就《つ》き、国家組織の大体を了解する事を得て、皇室の基礎を固定し、大権を不墜の大眼目は充分相立《あいたち》候間、追て御報道可申上候《もうしあぐべく》。実に英、米、仏の自由過激論者の著述而已《のみ》を金科玉条《きんかぎょくじょう》の如く誤信し、殆《ほと》んど国家を傾けんとするの勢は、今日我国の現情に御座候へ共、之を挽回《ばんかい》するの道理と手段とを得候。報国の赤心《せきしん》を貫徹《かんてつ》するの時機に於《おい》て、其功験《こうけん》を現はすの大切なる要具と奉存《ぞんじたてまつり》候て、心私《ひそか》に死処を得るの心地仕《つかまつり》候」

この手紙にもあるように、伊藤はこのグナイスト、シュタイン（とりわけシュタイン）による講義で、憲法のなんたるか、国家組織のなんたるかを了解できたと考えました。
また、共和制だの人民主権論だのという一部論者の議論にも、正面から反論していけるだけの理論も得ることができたと実感できました。とすれば、後は日本に帰って実際に憲法案を起草する作業に着手するだけです。伊藤は決してドイツ憲法学の理論すべてに納得したわけではありませんでしたが、立憲政体といえばイギリスの議院内閣制しか思い浮かべることのできない国内の民権派に対し、充分な自信を持って帰ることのできる自分を、そのとき自ら感じていたのです。

岩倉具視の死

一方、日本では岩倉が伊藤の帰国を一日千秋の思いで待っておりました。伊藤がドイツに滞在している間、岩倉は末期の癌《がん》に冒《おか》されていました。しかし、岩倉は伊藤が帰国するまではなんとしても死ぬわけにはいかない、と思っていたのです。

「二十三年になれば、新しい憲法政治を迎えなくてはならない。しかし、このことで大混乱になったり、国が壊れるようになったりすることだけは避けねばならない。そのためには伊藤博文に頑張ってもらう他はないのだが、果たして伊藤はドイツかぶれになって帰ってくることはないだろうか」

岩倉の思いはただ一点、日本の国体にありました。果たして伊藤は国体の重みをわかっているのだろうか、自分が抱いている公家流の国体思想だけでは、もはや成り行かないことは自分にもわかる。しかし、国体の中核にあるものは、なんとしても守りつづけなければならない。

そこで岩倉の胸を占めるのは、自らの病気のことでした。自分の余命はあと幾《いく》ばくもない。しかし、死ぬ前になんとしてももう一度伊藤と会い、その自分の思いを直接伝えねばならない、と思ったのです。岩倉の最期に関しては、それを看取ったドイツ人医師ベルツの日記に、そのときの模様が詳しく記されています。

「公（岩倉）はひどく衰弱し、辛うじて少量の栄養を取りうるに過ぎないような有様だった。六月末、わたしたちは東京に戻った。その時、公はわたしから包み隠さず本当のことを聞きたいと要求した」

「お気の毒ですが、ご容態は今のところ絶望です。こう申し上げるのも、実は公爵、あなたがそれをはっきり望んでおられるからであり、また、あなたには確実なことを知りたいわけがあることを存じていますし、あなたが死ぬことを気にされるような方でないことを承知しているからです」

ベルツはそう述べました。それに対して岩倉はこういったのです。

「ありがとう。では、そのつもりで手配しよう。ところで、今一つ、あなたにお願いがある。ご存じのとおり、伊藤参議がベルリンにいます。新憲法の構想を持って帰朝するはずだが、死ぬ前に是非とも遺言を伊藤に伝えておかねばならない。それで、できれば、すぐさま伊藤を召喚し、次の船に乗りこむように指令を出したい。しかし、その帰朝までには、まだ何週間もかかる。それまで、わたしをもたさねばならないのだが、それが出来るだろうか」

そして、岩倉は低い声で付け加えた。

「これは、決して自分一身の事柄ではないのだ」

この言葉にベルツは胸を震わせました。しかし、それは不可能でした。

「病勢悪化の兆候《ちょうこう》は見るまに増大した。公はほとんど、飢え衰えるがままに任された形だった。永い、不安の幾週間かが過ぎた。その時わたしは、臨終が間近なことを知った。わたしは公に、最後の時間が迫ったことを告げた。すると公は井上馨参議を呼び寄せるように命じた。そして最後の遺言を語った。公は信頼する井上参議にその遺言を一語一語、耳打ちし、ささやきつつ、あえぎつつ、伝えるのであった」

そしてベルツは次のように結びます。

「こうして疑いもなく維新日本の最も重要な人物の一人であった岩倉公は死んだ。鋭くて線の強いその顔だちにもはっきり現れていたとおり、公の全身はただこれ鉄の意志であった」

伊藤が上海経由で横浜港に着いたのは、岩倉が亡くなってから二週間後、明治十六（一八八三）年八月四日のことでした

第三章
明治憲法成立

憲法発布略図(揚州周延・画)

井上毅の国体研究

明治十五年から十六年にかけて伊藤博文がドイツで憲法の研究をしている間、井上毅は日本に残り、欧米各国の憲法を慎重に比較検討しながら、具体的な憲法条文の研究を進めておりました。すでに概略《がいりゃく》はドイツ主義を基本とするとの、岩倉への井上の意見書が政府の方針としても追認されており、実質的な面からいえば伊藤が帰国する前に、憲法制定作業の骨格は既にできていたといってもいいのが現実でした。

しかし、それと同時に、その頃から井上は、日本の国体ということを真剣に考え始めておりました。それを裏付ける確たる資料があるわけではありませんが、そこで重要な意味を持ったのが岩倉が進めようとしていた『大政起要』の編纂《へんさん》でした。岩倉は憲法のベースには日本の国体が置かれねばならないという固い信念を持っておりましたが、そのためにはまず、その頃日本へ来ることになっていた外国人顧問に、その「国体とは何か」ということを示すことのできる歴史資料が必要だと考えていたのです。

そこで岩倉は、そうした必要に応えることのできる歴史書の編纂が必要だ、という趣旨の建白書をこの頃提出していたのです。それが『大政起要』の編纂でありました。そして、これに井上もかかわるのです。

幕末に熊本藩に生まれた井上毅は藩校で儒教を学び、維新後はフランス語を学び、明治五年にはフランスへ渡り、西洋の法制度を学ぶという輝かしい経歴を経、法制官僚としての階段を上り詰めておりました。しかし、井上には専門的に国史国典を学んだという経歴がありませんでした。その井上が、この『大政起要』の編纂にかかわることになったのを機に、国史国典の勉強を本格的にやり始めるのです。

直接的な当時の資料はあまり残されておりませんが、井上がこの国史国典をどのように考えていたかを間接的に推測させてくれる記録が残されています。明治十六年か十七年の頃、皇典研究所というところで井上が講演をしたときの記録です。ちなみにここで皇典とか国典とかいうのは『古事記』『日本書紀』のことです。

ここで井上はまず次のように述べています。

「政事の為めに国典を講究《こうきゅう》することは、政治上随一《ずいいち》の必要である。何んとなれば、海の東西を問はず、総ての国が其の憲法及び百般の政治に就いては、其の淵源《えんげん》基礎を己れの本国の歴史典籍《てんせき》に取らぬ国は無い。国の歴史上の沿革及故典慣例は、其の憲法并に政治の源である」

『古事記』『日本書紀』を研究することは非常に大切なことである。この国に生まれたあらゆる人間が学ぶべきことであるといってもいいだろう。洋の東西を問わず、憲法や政治百般について、その基礎を自らの国の歴史の典籍にとらない国はない。その国の歴史、それを記した古典、慣例こそ、その国の憲法、並びに政治の源である。そこを押さえねば憲法は考えることができないし、政治もまたできはしない、と。

また、国典を学ぶことは教育のためにも重要だという話もしています。

「次に国典は国民教育の為めにまた隨一《ずいいち》の必要である。凡《およ》そ人民が集って国を為す以上は、従って其の国を護ることの必要がある。人民が自ら其の国を護ることは、人民が其の国を愛するより生ずる結果である。人民愛国の心は総べて普通の国民教育によって生成発達するものである。故に是れまた海の東西を問はず、何《いず》れの国に於《おい》ても、国の独立を保つ為めには、国民教育を第一の貴重なるものとしなければならぬ。……

国典は己れの国の祖宗並に先哲の偉業を知らしめ、己の国の貴きことを感触せしめ、己れの国は父母の国たることを脳髄《のうずい》に銘刻《めいこく》せしむるものである」

人民が集まって国をなす以上、その国を守ることも大切だ。国を守るということは人民がその国を愛することによって生ずる結果だ。どの国であっても、その独立を保つためには、教育によってその国の淵源・歴史を教えなくてはならない。それが愛国心の基礎となるのであり、したがって国典すなわち『古事記』『日本書紀』によって国の祖宗や先哲の偉業を知らせ、自らの国の尊きことを感触させ、己の国は父母の国であることを脳髄にまで刻むことは、そのためにも必須のことだ——。

この時点で、井上がどの程度国史国典についての勉強をしていたかは、正直いってわかりません。しかし、ここまでいう以上、井上もその頃までにはかなりの国史国典についての勉強をしていた、と考えることは可能だと思うのです。

井上毅の凄まじい研究ぶり

ドイツから帰国した翌年、伊藤は憲法準備のために制度取調局を設置し、井上毅を含む十五名が同局兼任となりました。井上はさらに憲法草案に向けての研究を進めます。相変わらず直接的な資料があるわけではありませんが、同時に井上は日本の歴史、とりわけ皇室の歴史を徹底的に学び始めたと思われます。

井上は当時、東京帝国大学で国史を教えていた小中村清矩《こなかむらきよのり》の教えを受けるとともに、小中村の婿養子である池辺義象《よしかた》を助手にして『古事記』『日本書紀』や『大日本史』などの日本の歴史書を徹底的に勉強していきました。

明治十九年に池辺が東京大学古典講習科を卒業すると、池辺は宮内省図書寮に採用されます。当時、井上は同省図書頭も兼務しておりました。池辺はその当時のことを次のように記しています。

「十九年の夏、この学科を卒業して大学をいで、やがて宮内省図書寮の属官を拝命しぬ。この時、先生はこの寮の頭にておはしながら、かの帝国憲法、皇室典範《てんぱん》の制定に従事したまひしかば、寸時も暇《いとま》あらせたまはず、朝はまだほのくらきより起きいでて、夜は更《ふけ》るまでこの事にのみかかづらひたまひき。その任用したまふ人おほき中にも、おのれには我国の典故を悉《ことごとく》取調べさせたまへり。さればおのれは、官省時間の外は先生の家にのみ籠《こも》り居《おり》、常にその監督の下にありて、その料をかきつづりしこといくばくなりしぞ」

この頃からそんな無理がたたってか、井上は病気がちでした。池辺はそんな井上の健康を心配し、気分転換をかね、明治十九年の暮れから翌年にかけ、井上を安房、房総、相模をめぐる旅に連れ出します。

ところが、井上はどこへ行こうと、昼食の席でさえ書類を手から離そうとはしません。そして思いついたことをすぐに筆で書き留めようとするのでした。その凄まじさには拙著『教育勅語の真実』（致知出版社刊）でも触れていますが、ここでも重複をいとわず紹介しておきましょう。

あるとき千葉の鹿野山に登ることになりました。井上は片手に杖を持ち、もう一方の手にはいつものように書類を握りしめて歩いていました。山は十二月の冷たい風が吹き、手が凍るように冷たくなります。ようやく井上は書類を鞄《かばん》にしまいました。

横を歩いていた池辺は、「ようやく歩くことに専念していただける」とほっとするのですが、それも束の間、井上はこういいました。

「ところで、大国主神《おおくにぬしのかみ》の〝国譲り〟の故事はどういうことだったろうか」と。

あるいは鎌倉に行ったときのことです。その日は雪が降り、風も強くなっていました。井上は歩きながらいつものように、「大宝律令にはどんなことが書いてあっただろうか」と質問します。池辺が「あいにくここには原文がありません。私の記憶だけでは正確に答えられません」というと、井上は「いますぐに確かめたい。帰京予定は明日になっているが、それを一日早め、これから出発すれば、今日中には東京に帰ることができる」と、突然雪が降りしきるあぜ道を駆け出したというのです。そのようにして藤沢まで行き、そこで人力車を雇って横浜へ。さらに汽車に乗り継いで、その日のうちに東京に戻ったというのです。

私はこの池辺の文を読んだとき、ここまでして井上は日本の歴史の核となるものをつかもうとしたのかと、思わず涙がこみ上げてくる思いでした。

「しらす」と「うしはく」の違い

こうして国典の研究をしているとき、井上毅はある疑問を抱きます。

それは「治める」という意味にかかわり、『古事記』に「うしはく」と「しらす」という二つの言葉が使い分けられている事実に気づいたことがきっかけでした。この違いの背景には何があるのか、と井上は考えたのです。そのきっかけを与えてくれたのは『古事記』に出てくる大国主神の「国譲り」の一節でした。

それは高天《たかま》が原《はら》の支配者であるアマテラスオオミカミ（天照大御神）の命を受けたタケミカヅチノカミ（建御雷神）が、出雲《いずも》を治めているオオクニヌシノカミ（大国主神）に、「この葦原中国《あしはらのなかつくに》は本来、アマテラスオオミカミの御子が『しらす』ところの国であるから、この国を譲るように」と交渉をする場面です。

そこに「大国主神が『うしはける』この地」と、「天照大御神の御子が本来なら『しらす』国である」という二つの言葉で出てくるのです。そこでこの違いはなんなのかと井上は疑問を抱き、それを調べてみることにしたのです。

すると、天照大御神や歴代天皇にかかわるところでは「しらす」という言葉が使われ、大国主神をはじめとする一般の豪族たちのところでは、「うしはく」という言葉が慎重に使い分けられていることがわかったのです。
井上は「言霊」と題した文章の中で、こう説明しています（以下は要旨）。

「うしはく」というのは、西洋で「支配する」という意味で使われている言葉と同じである。つまり、日本では豪族が占領し私物化した土地を、権力を持って支配するようなとき、「うしはく」が使われている。それに対し、「しらす」は同じ国を「治める」という場合の意味で用いる場合でもまったく違う。「しらす」は「知る」を語源としている言葉で、天皇はまず民の心、すなわち国民の喜びや悲しみ、願い、あるいは神々の心を知り、それをそのまま鏡に映すように我が心に写し取って、それと自己を同一化させ、自らを無にして治めようとされるという意味である。

天皇がこの国をお治めになるということは、決して国や国民を私物と考えてのことではなく、むしろそうした「私」を超えたところで、国民を尊重し、国民の幸せを願い祈られるということと同義だといえる。これこそが「しらす」ということで、ここにこそ日本の国体の本来の姿があるのだ、という認識にいたったのです。

かつて大木や岩倉や天皇側近が参議たちの憲法意見について議論していた頃、彼らは盛んに神話に基づく「国体」のことをいっておりました。しかし当時、井上はその気持ちは理解できるものの、「そんな議論では在野の民権論の面々にはとても通用しない」と正直思っておりました。

一方、井上は大隈や福沢らの「君民共治」論は国体上危ういとも思っていました。それはとても日本の国体に適う政治の形とは思えなかったからです。それゆえ井上は、当時はプロシア憲法に見られた「君主主権」の考え方に依拠し、そうした西洋流の君主制理論で国体を理論づけようとしていたのです。

ところが、本気になって国典を勉強してみると、やはりドイツでもどこでもない、あくまでも日本の国体があるということに確信が深まりました。それゆえ、その国体をまず基本に憲法案を起草すべきだと考えるようになったのです。もちろん、世界各国の憲法を学び、必要な西洋の知識を存分に活用することは当然の前提です。しかし、その根本については、あくまでもこの「しらす」の理念に着目する限り、これこそが国体の本質であり、これに基づかずして日本の憲法はつくることはできない、という確信は深まるばかりだったのです。

伊藤博文、宮内卿に就任

明治十七年、帰国した伊藤は憲法準備のため「制度取調局」を設置し、その長官に就任しますが、同時に宮内卿にもなろうとします。宮内卿というのは現代の宮内庁長官のような地位ですが、欽定憲法ということを考えれば、伊藤は天皇という直接の後ろ盾を得て、天皇と密着する形でその作業を進めることが最も適切で、また作業上有利な形だと考えたのでした。ところが、元田永孚《もとだながざね》をはじめとする宮中の側近たちには、ドイツ帰りの伊藤に対する不信感が根強くありました。

「もともと西洋かぶれの伊藤が、なんと一年半もドイツに行き、ドイツ風の宮中制度を学んで帰ってきた。きっと日本も宮中改革が必要だといって、そのようなヨーロッパ型の宮中制度を押し付けようとしてくるに違いない」

側近だけでなく、実は明治天皇もそう思われたようです。

そこで伊藤はまず元田のところに赴き、説得します。熊本藩士だった元田は明治四年から宮中に出仕しており、この頃には天皇の信任は一番厚く、大事においては必ずご下問があり、それに対してお答え申し上げるという立場にありました。

「自分は西洋かぶれでもなんでもない。あくまでも日本の国体をベースにして憲法をつくり、国会を運営していこうとしているのだ」

伊藤は必死に説きました。

その結果、反対派だった元田は納得します。天皇は最後の最後まで躊躇《ちゅうちょ》されておりましたが、元田に対して「お前がそこまでいうのなら仕方ない」と伊藤の宮内卿就任をご承認になったのです。こうして宮内卿の地位を得た伊藤は、まず上下議院による国会開設の準備としての「貴族制度」の確立に取りかかりました。

世界の議会を見ると、たいていは上院と下院に分かれています。当時、上院は貴族院が基本でしたが、とりわけ伊藤は日本でもかかる上院を構成するため、イギリスのような貴族制度が是非とも必要だと考えていたのです。

明治になってすぐに華族制度がつくられました。これは公家と大名を華族という名でひとくくりにするものでしたが、残念ながらそうした大名や公家出身でそのまま議員が務まると考えられた人材は、ほんの一握りにすぎませんでした。そこで、伊藤はまずこの従来の華族に、維新の功労者（死没者はその継嗣《けいし》）を加え、「新華族制度」をつくらねばならないと考えたのです。

この新華族制度に関しては、生前から岩倉が反対しておりました。あえて新華族などというものを創設してまで、華族制度を補強する必要はない。それは華族制度の本質を歪《ゆが》めるものだ、としたのです。また、井上もイギリスの真似をして新華族などつくることなどもってのほか、と反対していました。華族だけでは人材不足なら勅撰《ちょくせん》議員の制度を設ければそれで足りる。だいたい「公侯伯子男」などという名称自体が日本には合わない、と井上は考えたのです。

しかし、伊藤は貴族院設立のためには、なにがなんでも新華族制は必要なのだと主張し、結局その年の七月には強引に制定に漕ぎつけてしまいました。

太政官制から近代的内閣制度に

華族制度の次に手をつけたのは太政官制の改革でした。憲法をつくる前に近代的内閣制度をつくる必要があったのです。当時、太政大臣は三条実美、左大臣は有栖川宮熾仁親王となっておりましたが、右大臣だった岩倉具視が亡くなったため、その後の右大臣の席は空席のままに放置されておりました。

議会ができれば、大臣は毎日議会に引っ張りだされ、徹底して追及されることは誰にでも予想できることでした。公家出身の三条実美にそんなことができるだろうか、同時に空席となっている右大臣の席をそのままにしておいてよいのか、そうした疑問がその頃、政府内では語られていたのです。ならばいっそのこと太政官制そのものをこの際一挙に廃して、外国にもあるような内閣総理大臣を長とする「近代的内閣制度」を創設してはどうか、という声も上がりました。まさに憲法を先取りする発想です。それを主導したのが伊藤だったのです。

これに対して、黒田清隆をはじめとする薩摩派が、「伊藤は一人で政府を牛耳《ぎゅうじ》ろうとしているのではないか」と反対します。そこで伊藤は薩摩派の最有力者である黒田を右大臣に置くことで、ひとまず薩摩派の不満を緩和しようとしました。

ところが、黒田は開拓使払い下げ事件以来、評判が悪く、なおかつ酒癖《さけぐせ》にもとかくの噂があり、明治天皇が任命を躊躇されたのです。黒田もそんな雰囲気を感じてか、一端受諾した就任を辞退しました。話は振り出しに戻ったのです。

伊藤としてはもう一度本来の形に戻すチャンスとなりました。伊藤は今度は不退転の覚悟で再び新内閣制度の確立へ動き出すのですが、これに三条太政大臣が「もう自分が中心になる時代でもないだろう」と自ら身を引く意向を示して合わせます。そこでこれを契機に事態は一挙に進み、その年（明治十八年）の十二月に太政官制は廃止されて内閣制度が誕生、初代首相は伊藤博文となりました。

しかし、こうした動きに対して、井上毅は釈然《しゃくぜん》としないものを感じていました。総理大臣がすべてを仕切り、その内閣が政治の全権限を握るというのは、結果的には大隈重信が主張した「大臣連帯責任制」を原則とするイギリス型の議院内閣制と同じになるのではないか。

本来、この国の統治権を持つのは天皇であり、その天皇の下、天皇直属の臣という立場で各大臣が存在し、その大臣をあくまでも事務的に統括するのが内閣総理大臣という形であるのではないか。それがこうした「内閣制」になるとすれば、内閣は「第二の幕府」となり、むしろ天皇は「内閣の天皇」となり、天皇は名前だけの飾り物になってしまうのではないか、と。

しかし、結局これもまた伊藤に押し切られてしまったのでした。

井上馨の欧化政策

明治十七年、十八年は、内閣制度等、憲法制定以前の国家行政制度を事前に整えることが先決として進められました。そして明治十九年を迎えます。井上毅はその間も「国体に基づく憲法」という新たな目標のために、国史国典の研究に没頭する日々を過ごしておりました。そしていよいよ、憲法草案の具体的起草にとりかかることになるのですが、この頃、誠に皮肉なことに、伊藤内閣は実はかつてない最大の政治危機という試練を迎えようとしていたのです。

憲法制定に向けた国家制度を整えると同時に、このとき日本が早急に手をつけておかなければならなかったのが、欧米列強との条約改正問題でした。

江戸幕府が安政五（一八五八）年にアメリカ合衆国、ロシア、オランダ、イギリス、フランスと結んだ通商条約というのは、日本側に大変不利な不平等条約でした。例えば、外国に治外法権を認めることや関税自主権が認められないことなど、その実態は屈辱《くつじょく》的とさえいえるものだったのです。

江戸から明治になり、明治新政府も諸外国と何度か条約改正の場を持とうとしましたが、諸外国は口々に「日本には近代的法制度がないではないか。そんな国に外国人への裁判権など認められない」と拒否されるだけでした。

そのため、条約を改正するためには、民法をはじめとする日本の法制度を整える必要が生じておりました。ところが、憲法の制定となれば法律制定も、条約改正も、その都度、議会に諮《はか》らなければならなくなります。とすれば、その前に早急に法をつくり、条約改正も一気にやり遂げてしまおう、という話になったのです。

そこで外務大臣に選ばれたのが、伊藤の竹馬の友ともいうべき井上馨でした。しかも井上は外国通でもありました。この井上を外務大臣に据え、条約改正を一気に実現までもっていこうとしたのです。

そのために井上が進めたのは「欧化政策」でした。つまり、欧米風の社交施設を建設して外国人外交官を毎晩接待し、日本が文句のない文明国であることを示そうとしたのです。当時、男性の洋装は進んでおりましたが、新たに女性にも洋服を着せ、外人教師をよんでマナーを教え、ダンスを習わせたりしたのです。そしてあの鹿鳴館《ろくめいかん》という社交場で毎晩のようにパーティーを開いたのです。それだけではありません。井上は「羅馬字会」というものをつくり、自らその中心メンバーとなって漢字を廃しローマ字にすることさえ主張したのです。いまから考えるとまさに笑い話ですが、井上は大真面目で次のようにいって憚《はばか》らなかったのです。

「我帝国を化して欧州的帝国とせよ。我国人を化して欧州的人民とせよ。欧州的新帝国を東洋の表に造出せよ」

そうした華やかなパーティーが開かれる一方、国内ではデフレが進み、国民の生活は苦しくなるばかりでした。そこに火がついたのが反政府運動でした。それに触発され、沈静化していた民権運動も再び勢いを取り戻します。「夜な夜な馬鹿げたパーティーが開かれている」と新聞で報道されると、政府糾弾《きゅうだん》の声はさらに高まっていくのでした。後に誤報であるとわかりましたが、伊藤がそうしたパーティーの夜、強姦事件を起こしたというような仰天《ぎょうてん》報道が行われるといった騒ぎもありました。

ちょうどその頃、伊藤内閣の農商務大臣を務めていた谷干城《たにたてき》は、出張先のベルリンに滞在しておりました。彼はそこでこの日本の話を聞き、憤慨《ふんがい》してその怒りを自らの「渡欧日記」に記したのです。谷は西南戦争のとき西郷軍の攻撃から熊本城を死守し、政府軍勝利に貢献した硬骨《こうこつ》の元土佐藩士でした。

「伯林《ベルリン》へ電報にて皇后の宮の御洋服御注文あり、伊藤氏其他の妻君の服も亦然《またしか》りと云。電報にて婦人の服を注文とは驚き入る計《ばかり》なり。諸大臣狂するには非ざるか。……数十萬円を費し服を外国に注文し、外《そと》強敵を恐れず、内《うち》人民の困苦を顧みず、只汲々《きゅうきゅう》として外人に諂《へつら》ふを以て政策とす。嗚呼《ああ》、吾が此位置も亦諸大臣と共に危哉《かな》……」

条約案告発のために立ち上がる井上毅

こうして政府への抗議運動が激しくなっていく中、明治二十年を迎えます。条約改正交渉も進み、条約案がまとまりつつありました。

政府としては国際法にかかわってくることでもあり、お雇い外国人にもチェックをしてもらおうということになりました。外務省がそのチェックを頼んだのが、内閣雇いの法律顧問であるボアソナードというフランス人でした。

その条約案を読んだボアソナードは、一読して「こんな条約を締結したら日本は列強の属国になってしまう」という危機感を抱きます。それゆえ、彼はそれを井上馨外務大臣に伝えるのですが、井上はまったく聞く耳を持ちません。

ボアソナードは悩んだ末、井上毅に相談します。ボアソナードは井上が明治五年から六年にかけて西欧視察に赴いたとき、フランスから一緒に連れ帰った法学者だったのです。そのときより、井上にとってボアソナードは師であり、ボアソナードにとって井上は最も信頼できる日本人の一人でした。その井上に最高の機密事項である条約案の内容をあえて知らせ、相談をしたのです。

当時のボアソナードと井上の応接記録が残っています。

ボアソナードは井上にいいます。

「もしこの条約案が実行せられたならば、日本国民は再び二十年前の変動を起こすこと免るべしと想像す」

もしこんな屈辱的な条約を結んだら、二十年前の討幕運動のようなことが起こるというのです。

「しからばどこに問題があると」

条約案の詳細を知らない井上は尋ねます。

「まず治外法権を撤廃する代わりに、外国人を裁く場合は、日本の裁判所であっても裁判官は外国人を起用することになっている。こんな裁判で日本人の権利が守られるわけがない。しかも十五年間の期間限定だというが、十五年間この屈辱を忍べということでもある。そんなことができるはずがない。もしこれを呑《の》めば日本政府は国民の恨みを招き、外国からは腰抜けだといわれるだろう」

井上はボアソナードの言葉を黙って聞いていました。

「第二は、これから諸法律を整えていくというが、法律を制定する八か月前までに、その法案を外国政府に見せるということになっている。これは事前チェックではないというが、黙ってオーケーするわけがない。何よりもこれは日本国が、その立法権について外国の束縛を受けるということに他ならない。これで本当に独立国といえるのであろうか。こんな条約を新たに結ぶ意味は何もない」

さらにボアソナードは井上に詰め寄ります。

「いま、この国は未曾有の危機に陥っている。そんな状況にあるのに、あなたはなぜ立ち上がらないのか？　それでもあなたは日本人なのか」

井上がボアソナードにこの話を聞かされたのは、明治二十年五月のことでした。実は前年の暮れから、井上は明治憲法案の起草（甲案・乙案）という具体的な作業に入っておりました。その最初の案を伊藤に提出したのがその五月ですから、その直後に井上はボアソナードから、この話を聞かされたのでした。

井上はじっくりと考えます。

「政府がつくった条約案に待ったをかけるということは、つまり上司たる伊藤と喧嘩《けんか》をするということだ。喧嘩をすれば当然クビになるだろう。しかし、自分がいま書いている憲法案は国家独立のために書いているものだ。にもかかわらず、こんな属国的な条約を認めてしまったら、自分が書く憲法そのものの意味がなくなってしまう」

そしてボアソナードにこういいました。

「しからば、自分は行動を起こすことを約束する。ただし、自分が行動を起こせば、ボアソナードさん、あなたは国家機密漏洩《ろうえい》の罪に問われることにさえなるかもしれない。それでもいいのか」

「それは一向にかまわない」
こうして、井上は条約案告発のために立ち上がることとなったのです。

わき上がる反政府と反欧化の運動

井上毅が条約案の告発をし、その中身が国民に知れ渡ることになると、「日本の独立を守れ」というかけ声の下、これまでの国会開設運動とはまったく違う世論が盛り上がっていきました。これまでは「英国型の議会をつくれ」と政府に詰め寄っていた人たちが、「政府はあまりにヨーロッパかぶれをしすぎている。国風を守れ」「日本国の誇りを守れ」と主張するようになっていったのです。

それにさらに輪をかけたのが谷干城の帰国でした。帰国後間もなく、谷は「条約改正に関する意見書」を政府に提出し、政府内でこれを正面から問題にしたのです。しかし、それでも埒《らち》が明かないと見ると、谷はさっさと辞表を提出して閣外に去ってしまったのです。反対派は熱狂、谷は救国の英雄のようになっていきます。また、谷だけでなく勝海舟も政府に意見書を突きつけます。こうした動きにより、政局はいわばナショナリズム一色の様相をさえ呈することとなっていったのです。

同時に、これまで在野にあった自由民権の板垣退助や後藤象二郎なども息を吹き返して、反政府に向け動くこととなっていきます。

そして明治二十年十月、民権派から「三大事件建白」と呼ばれる建白書が政府に提出されるのです。それは、

・言論の自由の確立
・地租の軽減
・対等の立場での条約改正

という三つの要求を柱としたものでした。

そうした中で、憲法もまた反政府運動の絶好の材料となっていきます。その一つが民権派によって秘密出版された『西哲《せいてつ》夢物語』でした。

これは伊藤博文に憲法のことを語ったドイツの法学者グナイストの講義談話などを翻訳したものですが（ただし伊藤への講義ではない）、間の悪いことに「議会に権限など与え

てはいけない。とりわけ予算など審議させてはいけない」ということが書かれているものでした。反政府派は「政府はこうした反動的なドイツ型の憲法を押し付けようとしている」と反政府宣伝の格好の材料にしたのです。

とはいえ、こうなるとイギリス型がいいという主張も安泰ではありません。これもまたイギリスの属国になるようなものではないか、という主張が出てくるからです。まさにそれがナショナリズムというものでしょうが、欧化主義への批判はいわば「国風への回帰」という逆の流れを呼ぶこととなったのです。

そんな流れの影響もあってのことでしょう。かつてイギリス型議院内閣制をよしとする大隈案を書いていた矢野文雄や中江兆民のような論者も、この「国風への回帰」を主張し始めます。もはや西洋直輸入の憲法理論を金科玉条としてありがたがるときではない、と主張し始めることとなっていったのです。つまりイギリス型議院内閣制という表面上の形態にこだわるのではなく、まずはそれ以前の憲法運用の実際、つまり法案の提出権、議会の意見を天皇に述べる上奏権、あるいは予算に関する拒否権といった、日本の現状に適合した具体的権利を確保することが先決だと主張し始めたのです。

憲法の形態に関しても、ドイツ型だ、イギリス型だというよりも、日本型でいくべきだ、という流れになっていきました。

「しらす」の理念を基本にした憲法草案

明治二十年五月以降、条約改正運動に端を発した反政府運動は次第にエスカレートしていき、井上毅も反政府運動に急速に傾いていきます。そんな中、井上から上司たる伊藤に反旗をひるがえす直前に提出されたのが、甲案・乙案と呼ばれる憲法草案でした。

井上が明治十五年、最初に私案として作成したものはまさにドイツ型の憲法案でした。ところが、その後「国体」を求めて国典の研究に没頭した井上は、まさに「日本型」のものをつくらねばならない、という考えになっておりました。

それゆえ、井上は憲法第一条を以下のように書いたのです。むろん、ここにいう「治す」は、井上が国典の中で発見した「しらす」からきたものでした。

「日本帝国は万世一系の天皇の治す所なり」

国典を研究した末に、井上は政府だけが天皇の下にあるのではなく、議会も天皇の議会である、そして憲法の精神ももちろん「君民一体」「一視同仁」「絶対無私」の国体の理念に適うものでなくてはならない、と考えるにいたるのです。

ドイツ人の内閣顧問だったロェスラーも君主制をいいましたが、井上の唱えるそれは、君主が能動的・主体的に権力を行使するという西洋流皇帝型のものではなく、むしろ非権力的な「しらす」の理念を基本とするものでした。以下は井上がその理念を、ついに見出すにいたったときに記した一文です。

「御国（日本国）の国家成立の原理は、君民の約束（契約）にあらずして、一つの君徳なり。国家の始めは君徳に基づくという一句は、日本国家学の開巻第一に説くべき定論にこそあるなれ」（傍点著者）

その結果、憲法の構成それ自体も、最初のものはプロシア憲法と同様、国土が最初にあり、次に国民、天皇へとつづくものであったのですが、この草案では第一条に天皇があり、国民、そして議会がくるという形に変わっておりました。

そんな中、反政府運動がいっそう激しさを増していきました。このとき、井上は皮肉にもその反政府運動の側にありましたが、一方の伊藤はといえば、反対運動への対策に追われ、憲法どころの心境ではなかったものの、二十年六月から八月にかけ、時間を見つけては、伊東巳代治《いとうみよじ》、金子堅太郎《けんたろう》を伴って神奈川県の夏島にこもり、井上が提出した甲・乙の二つの案の検討作業に入っていたのです。

むろん、ここには井上は同行しておりませんでした。このときの井上は既に辞める覚悟で反政府運動にかかわっており、とても彼らと一緒に憲法を議論するという雰囲気ではなかったのです。伊藤としては誠に苦々しい思いでしたでしょう。しかし、伊藤はその井上を許し難いといって切り捨てたのではなく、そのままにしておくという方法を選びました。井上なくして憲法なしと思ったのでしょうが、個人的感情より国家的事業の完成を優先したのです。これは政治家・伊藤博文の器の大きさでした。

何日にもわたり、朝早くから夜遅くまでこの作業はつづけられたといいます。三人で真剣に討議し、井上が作成した憲法草案に手を入れていったのです。実は草案作成者の井上がその場にいないほうが、やりやすかったのかもしれません。
こうして伊藤たちの手による「夏島草案」が完成しました。

井上毅の怒り——焦点となった議会の権限

八月初旬、伊藤はこの夏島草案を井上毅に見せました。ところが、その内容は遺憾《いかん》なことに井上案の全面的修正にも等しいものだったのです。

まず第一条の「治《しら》す所なり」が「統治す」に変更されていました。これにはロエスラーの意見も加味されたと私は想像しています。つまり「『治す』では外国語に翻訳できない。ここは英語の"govern"、『統治す』がいいのではないか」とロエスラーもまた意見を述べ、このような修正が決められたのではないでしょうか。

議会の権限に関して、井上案ではこのとき「議院の法案提出権」を認めておりませんでした。ここまで認めると、政府の意に反した法案が成立する事態も生じ、結果的に議会に政治の主導権を握られてしまい、実質的な議院内閣制になってしまう恐れがあったからです。例えば議会の反政府派が租税を減額する法案を勝手につくって議会に提案し、それが議員多数で決められてしまうとしましょう。そうなれば政府主導の予算など編成できなくなります。政府はもはや政治の主導権を持てず、実権は議会の多数政党のほうに移ります。つまり、こうした危うい事態を防ぐためには、この「法案提出権」だけはなんとしても認めるわけにはいかなかったのです。

その代わり、「議院の質問権」「請願受理権」「上奏権」「予算審議権」といった議会が持つべき権利については、すべて認めることを井上は考えていました。ところが、伊藤は井上が認めていたこの「上奏権」をはじめとする議院の権限を、ほぼすべて削除してしまったのです。

井上は怒りました。そこで直ちに意見書を作成。強烈に反論したのです。

「既に憲法あり、議院ある時は、少なくとも相当の権利をもって議院に与えざるべからず。憲法を設け、議院を開くは、主要の目的として、もって権勢の平衡を保ち、偏重の専横を防がんとす。この事、独《ひと》り現在のために謀《はか》るに非ず。即ち将来のために国の幸福を永久に維持せんとするなり……

此れをしも愛惜《あいせき》して与えずとならば、憲法は何のためにして設くることを知らず。

議院は何のためにして開くことを知らず。実に我が憲法の性質は千八百年代の初めに於《お》ける独乙《ドイツ》各小邦の憲法にも比較して、遙《はる》かに劣等に居る者たることを免れざるべく……」

しかし、伊藤にとっては、この「議院の権利」というのは、既に現実のものとして、自分に日々突きつけられている問題でした。反政府運動の面々が毎日のように「質問だ！」「請願だ！」「上奏だ！」と押し掛けてきていたからです。その中心になっていたのが板垣であり、後藤であり、谷でした。「伊藤が憲法案を見るとき、『議会』の語はただの抽象的概念としてでは決してなく、それらの政敵やその亜流《ありゅう》の徒が進出してきて猛攻する場としてのイメージと無縁ではあり得なかった」と葦津珍彦《あしづうずひこ》氏は書いておりますが、まさにそうでしたでしょう。

一方、議院の予算審議権についても、伊藤は根本的な修正を加えておりました。井上はこれにも猛烈に抗議せざるを得ませんでした。

これは前にも触れたように、その年度の予算が、議会によって承認されなかった場合にかかわる規定の問題でしたが、むろん政府にとっては、それは自らの存立を左右する最重要ポイントでもありました。いまもそうですが、予算を通すことができなければ、その政府は即刻下野するしか道はありません。

これに対する対策として、井上は明治十四年の岩倉への意見書以来の「前年度予算の執行」という規定をこの草案でも用意しておりました。これはスウェーデンなどに学んだ規定ですが、政府の存立を守るために最低限必要と井上が考えたものでした。ちなみに、この予算不承認の問題については、予算を承認しなかった議会に対抗し、ビスマルクが五年にもわたって議会の存在を無視し、予算を勝手につくり、強力な中央集権国家をつくり上げていった話は既に紹介しました。

ところが、伊藤はこの「前年度予算執行」の規定を一方的に削除し、「予算案が議会で拒否された場合、政府がそのことを天皇に報告し、天皇の勅裁《ちょくさい》を経て、政府案を執行することができる」といったものに修正していたのです。

となれば、議会がどう反対しようが、結局は政府の思いのままに予算は執行できるということに他なりません。井上はこの修正に対し、まさにこれは「ビスマルク主義」そのものではないか、こんなことが許されるのでは、そもそも憲法をつくる意味すらないではないか、と食ってかかったのです。

「本條は一八六三年に於ける『ビスマルク』侯の議院の演説を採用して正條となしたる者なり。本條の主義を略言《りゃくげん》する時は、政府と議院と予算の協議整わざる時は、政府之を断行すと云うに過ぎず。果たしてしからば、始めより予算を議に付せざるに若《し》かず。又始めより議院を設けざるに若かず。又始めより憲法に定めざるに若かず。……今我が国に於《お》いて、又此《かく》の如き立憲の主義に背ける専制の旧態を愛惜せんとならば、何を苦しんで立憲政体を設けらる乎《や》。乃《すなわ》ち是れを以て憲法の正條となさんとするに至りては、憲法亦《また》憲法に非ざるべきなり。何となれば、天下豈《あに》専制の憲法あらん乎」

伊藤による夏島草案の再修正

しかし、ここで歴史が動きます。条約改正問題で矢面に立っていた井上馨外務大臣がついに辞任に追い込まれたのです。それは九月半ばのこと。伊藤はそれを受け、この井上馨の後の外相も兼任することとなります。ところが、その伊藤にも連帯責任があるので辞めろとさらに追及する声があがります。その上で、前に述べた「三大事件建白運動」の建白書を持った民権派が続々と東京に押しかけてきたのです。

伊藤は相当に追いつめられた心境だったでしょう。そんな中、激しい反政府運動を抑え、この窮地を脱するためには、もはや機先を制し、この運動の一翼を担っている改進党党首である大隈重信を政府に取り込むしか策はない、と考え始めるにいたります。

いつからどのような交渉が行われたかは、確たる記録が残っていないのでわかりませんが、この九月頃からそのような大隈側との交渉が始まったと推測されるのです。まさに窮状打開のための政府による反対派の取り込み工作です。

そして、そうした交渉の結果、翌二十一年二月、大隈は伊藤内閣の外相として入閣することになります。むろん、政治家ですから、無条件での入閣などということは絶対にあり得ません。とすれば、何が条件となったか。ここでいわれるのは、大隈は入閣の条件として、「責任内閣制」の要求を出したのだろうということです。

「責任内閣」とは議会に責任を持つ内閣ということです。議院内閣制のように議会が「組閣の権利」までを持つものではありませんが、議会がその政権にノーといったとき、その政権は議会を解散するのでなければ、それに従って責任をとるという制度というか、慣行です。大隈は「その責任内閣制の近年中の実現をあなたが約束するのであるならば、外相を受けよう」という話になったのだと推測されるのです。

ということは、その前提として、議院の上奏権や予算審議権が事前に認められていなければ、そんな「責任内閣制」の話などそもそも成り立ちません。それゆえ当然、そうした憲法案の内容にまで踏み込んだ交渉も行われたと考えられるのです。

かくて十月になると伊藤は、井上の猛抗議をほぼ全面的に受け入れ、議院の権限をほとんど削除した夏島草案をもとの井上案に再び戻すことになります。つまり、以上に述べたような交渉が既に内々に始まっており、伊藤はその交渉妥結の可能性を探るということも考え、かかる修正の受け入れを決断したと思われるのです。

一方、この反政府運動の盛り上がりに対して、内務大臣の山県有朋は戒厳令にも等しい強硬な措置をとりました。当局が指名した六百人近い反政府派に対し、皇居の三里以内の地からの退去処分を命じたのです。時代劇の「江戸所払い」のような処置です。それにより、政府を責め立てていた反政府運動の面々は、東京からの退去を強制され、再び彼らの運動は沈静化を余儀なくされていくのです。

ただ、井上はこの措置に対しても強烈な怒りを表明しています。こんな馬鹿げたことをしながら議会を開いたとしても、もはやその議会で国民の支持など得られるはずがない。政府の人望は現に地に墜ちている。それなのに、国会を開いた後になって慌てて議会停止、あるいは憲法停止などということをもしたとすれば、それこそ外国の嘲笑《ちょうしょう》を招き、憲法の権威を失わせ、国家を挽回し得ざる窮地に陥らせよう。そんな事態に憲法起草担当者としてとても責任を持てない、としたのです。

ところで、夏島草案が以上に述べた井上の猛烈な抗議を受け、十月草案というものに修正されていった詳細な過程についてはここでは省きます。ただし、そこでは今度は井上も修正作業に加わることとなり、その結果夏島草案の「ビスマルク流」もかなり改められることとなり、憲法案は当初の井上案に近い形に戻ることとなりました。そうなった背景には、以上に述べたごとき状況への政治家・伊藤ならでは読み、あるいは計算、といったものもおそらくあったというのが私の観測です。

日本主義に則った憲法案の完成

明治二十一年四月三十日、伊藤博文首相辞任。黒田清隆内閣成立。伊藤は新設なった枢密院の議長として、ようやく憲法成立への仕上げの作業に専念することとなります。

ところで、そのことに触れる前に、もう一点井上毅のことに触れておきます。

井上案にあった「万世一系の天皇」という言葉に法律顧問をしていたロェスラーが強い異議を唱えたという事実です。井上はことあるごとにロェスラーに問いを立て、腹蔵《ふくぞう》なく議論を交わしながら案文を整えていきました。

ところが、そのロェスラーがあるときいったのです。

「神ならぬ人間が、万世一系などというのは傲慢《ごうまん》ではないか。人間の立場でいえるのはせいぜい開闢《かいびゃく》以来一系という程度のことではないか。だから、万世一系という言葉は削除すべきではないか」

敬虔《けいけん》なカトリック教徒だったロェスラーにすれば、「万世一系」の規定は、神意に忠実であるべきいと小さき人間が、その限界を超えて皇位の永遠を予告し、宣言する、不敬極まりない規定に他ならない、と感じられたのです。

同じように「わが王室は永遠に国土を支配する」と宣言したハノーバー王国はその二、三年後に国王は王位を失い、王室は滅び、先祖の祭祀は廃されてしまった、という現実がありました。とすれば、将来は「ただ神のみぞ知る」という理義を深く心にとどめて、せめて「開闢以来一系の天皇」と規定するにとどめるべきではないか、と彼は説いたのです。

しかし、この意見に関しては、井上だけでなく伊藤も、ほとんど動かされた形跡は見られません。「まあ、ロェスラーの立場からはそう強くいわざるを得ないのかもしれないが、これは日本人の信にかかわる問題だ。聞く必要はない、却下で構わない」ということになったのでしょう。皇位は「天壌《あめつち》と窮《きわま》りなかるべし」というのは『日本書紀』の天孫降臨の条《くだり》に明記された日本国民の一貫した信仰・確信であり、それを憲法に表現することになんの憚《はばか》りもあってはならない、というのが二人の一致した思いだったと思われるのです。

ロェスラーの意見にはいつも真摯《しんし》に耳を傾ける井上でしたが、ことこのような国の成り立ちにかかわることについては、頑固なまでに自らの信念を守り通そうとしたということなのです。

こうして、ドイツ型でもなく、イギリス型でもない、完璧に日本主義に則った憲法案ができ上がったといえるのです。

いよいよ枢密院会議始まる

明治二十一年五月八日、いよいよ枢密院が開かれることになりました。その開院式の前日、明治天皇が激怒される事件が起こりました。

開院式で枢密院の議員たちに対して読む勅語案を、前日夜になって伊藤が突然明治天皇に提出したのです。それに対して天皇は怒られます。

「これを明日、ただ読めというのか。自分をしてこれを読ませたいというのであるならば、もっと充分な検討ができるだけの時間の余裕をもってなぜ持ってこない。これはただ読めばいいなどという、それほど軽いものなのか」

そして「明日の開院式には出ない。勅語案は伊藤に返せ」とまでおっしゃいました。側近たちは必死になって天皇を説得し、深夜になってようやく天皇のお怒りも解け、「わかった出席しよう。この勅語を読む」とおっしゃられたのです。

開院式の後、侍従長が伊藤に、実は昨夜こういうことがあったのだと報告しました。伊藤は驚き、恐懼《きょうく》し、天皇に拝謁《はいえつ》を願い出て「もう二度とこういうことはいたしません」と赦《ゆる》しを請うたのでした。

このエピソードからもわかるように、明治天皇は決して枢密院の憲法案審議を形だけのものとは考えておられなかった、ということです。

枢密院は明治二十一年五月二十五日から、皇室典範原案の審議に入り、六月十五日に終了しました。憲法草案の審議はその後、六月十八日から始まりました。

これは事実上の「憲法制定会議」といってもいいものでしょう。

審議する草案はもちろん伊藤博文、井上毅の手になるものです。しかし、明治天皇のお名前で出されるものである以上、その内容には絶対に瑕疵《かし》があってはなりませんでした。それは何よりも天皇のお名前を傷つけることとなるからです。議長の伊藤はもちろん、説明役を務める井上にとっても、かかる責任からくる重圧は並大抵のものではなかったでしょう。

そして本会議には、勝海舟など新たに枢密顧問官に任命された者、全閣僚、そして井上毅など事務局を担当する者を含め、二十数名が参加することになりました。もちろん明治天皇も一日も欠かさず出席されました。

その会議の雰囲気たるや、果たしていかなるものであったか。天皇の前で意見を交わすのです。いい加減なことなどいえるはずがありません、文字通り、そこでは各議員の思想と見識をかけた議論が展開されたのです。

会議冒頭、まず伊藤博文が起草方針の説明をしました。

「今憲法制定せらるるに方《あたり》ては、先《ま》づ我国の機軸《きじく》を求め、我国の機軸は何なりやと云う事を確定せざるべからず。機軸なくして政治を人民の妄議《ぼうぎ》に任す時は、政《まつりごと》其統紀《とうき》を失ひ国家亦《ま》た随《したがっ》て廃亡《はいぼう》す」

その意味するところは、「憲法案を提起するに当たって一番大切なことは、国民が帰一するべき国家の機軸、国家の心棒は何かということを明らかにし、確定し、それをはっきりと打ち立てることである。これがなくて政治を国民の無責任な議論に任せるならば、国民はバラバラになってしまって国家は統合を失い、結果的にこの日本国家は亡国にいたってしまう」ということでした。

さらに伊藤はつづけます。

「そもそも欧州においては憲法政治の萌芽《ほうが》せること、千余年、独り人民のこの制度に習熟せるのみならず、また宗教なるものありてこれが機軸をなし、深く人心に浸潤《しんじゅん》して人心ここに帰一せり。しかるに我が国にありては宗教なるものその力微弱にして、一も国家の機軸たるべきものなし。……我が国にありて機軸とすべきは独り皇室あるのみ。ここをもってこの憲法草案においてはもっぱら意をこの点に用い、君権を尊重してなるべくこれを束縛せざらんことを勉《つと》めたり」

皇室を国家の機軸として人心を一つにしていくために、天皇の大権を尊重してなるべく束縛しないようにした、というのです。

こうした方針にはもちろん、誰からも異論の出るはずもありません。ところが、議論が草案の逐条《ちくじょう》審議に移るや、早速激しい議論が始まりました。まず出てきたのは憲法原案第四条で、「天皇は国の元首にして統治権を総覧《そうらん》し、此の憲法の条規に依り之を施行す」とあるのに対し、「此の憲法の条規に依り」とするのは、天皇の統治権は固有のものではなく、この憲法によってはじめて生じたかのごとく誤解させかねないものである。ゆえに削除すべきだとする議論でした。

ところが、これに対して伊藤は、今度は次のように答えたのです。

「いや、立憲政治というものはそういうものではない。君主の大権を制規に明記し、その幾部分を制限するのが立憲主義というものである。ゆえに、この条項なければ憲法は憲法たり得ず、他の条項も無意味となる。統治権は本来無限なものではあるが、憲法に制限の規定を設け、この憲法の範囲内においてそれを行うというのは、統治権はあれどもそれを濫りに使用しないということなのだ」

「君権を尊重してなるべくこれを束縛せざらんことを勉めたり」と述べたその伊藤が、今度は「君権を制限するのが憲法なのだ」としたのです。これが後に明治憲法の「顕《けん》教《きょう》」と「密教」を構成するもの、とされることになったことは周知のところですが、むろん伊藤にとってはまったく矛盾はありませんでした。統治権を全体として把握されるのは天皇であるが、個々の統治権（大権）を天皇の名で行使するのは政府であり、議会であり、裁判所である、とするのが伊藤の認識であったからです。

採決の結果は、原案に対する圧倒的多数による賛成でした。この憲法は「無限専制の政体」を定めるものではない、との伊藤の説明に納得したのです。

枢密院審議の末に固まった憲法案

審議が「臣民権利義務」の条《くだり》に入ると、今度は文相の森有礼《もりありのり》から「権利」そのものを否定するかのような驚愕《きょうがく》の意見が出されました。「臣民の権利などというものはそもそも憲法に書く必要がない。臣民の『分際』で充分なのだ」と。臣民は天皇に対してはサブジェクト（支配される者）なのであり、そのサブジェクトたる臣民が、天皇に対して権利を持つというのはおかしい。臣民には「分際」があるのみなのだ、と。

これに対しては、伊藤は次のように答弁しました。

「森氏の説は憲法学、及び国法学に退去を命じたるの説と云うべし。抑《そもそも》憲法を創設するの精神は……臣民の権利を保護するにあり。故に若《も》し憲法に於《おい》て臣民の権理《けんり》を列記せず、ただ責任のみを記載せば、憲法を設くるの必要なし」

枢密院は、宮中の天皇側近者や昔の元老院の関係者がほとんどを占めていました。いわゆる在野の人といえば、勝海舟とおそらく大隈重信の代弁者として入った河野敏鎌《こうのとがま》、この二人がいるだけでした。大隈重信は閣僚として入っていましたが、大隈は何を考えてか、一言も発言しませんでした。おそらく先に触れたような入閣に当たっての伊藤との「黙約」が既にあったのでしょう。とすれば、それが究極的に守られれば、彼としてはそれで何も問題はないわけです。そこで、一言も発言しない大隈に代わって、河野敏鎌が民権派として発言したようです。

民権派ではありませんが、それと同じ立場に立って議会の権限拡大を主張したのが長州出身の軍人・鳥尾小彌太《とりおこやた》でした。彼は議会の法案提出権と上奏権に的を絞り質問しました。まず法案提出権については、立法院を設ける以上、この権利がいずれ認められるようになるのは必然であり、ならばいまから率先して認めるべきではないか、と指摘しました。そして上奏権については、この憲法に認められているそれは、果たして「内閣弾劾《だんがい》」の権をも含むものか、と問うたのです。

この上奏権については、伊藤が井上の猛烈な抗議を受け、渋々《しぶしぶ》憲法案の中に入れたものであることは既に触れました。伊藤は以下のように答えたのです。

「大臣を任命する権を持つのは天皇である。なのに議会が独自に大臣を辞めさせる権利を持つということになれば、その天皇の大権である任命権がそもそも意味をなさなくなってしまう。だから、ここにおける上奏権は広い範囲におよぶべきものではあるけれども、弾劾権までをも認めるものだとはいえない」

しかし、鳥尾は「弾劾権まで認めるのでなければ上奏権は意味がない」とさらに食い下がりました。弾劾権は議会の当然固有の権利だとしたのです。これに河野敏鎌が同調しました。そんな政府解釈は恣意《しい》的だと。とはいえ、それは結局はとおりませんでした。採決の結果、賛成少数で却下ということになったのです。

ちなみに、もう一点触れておきますと、第一条に「日本帝国は」とあったのに対し、「大日本帝国は」にすべきだとの修正案が出されました。井上はまるで「グレートブリテン」の真似事のようではないか、「大」などつける必要はない、と強く主張しましたが、「大」をつけるべしというのが多数でした。採決の結果、憲法は「大日本帝国憲法」となり、第一条は「大日本帝国は……」となりました。

このように、いくつかの修正案が出され、一部はとおったものの、基本的には伊藤と井上による憲法原案がほぼそのまま承認されるという結果となりました。

ところが、明治天皇はこうした様子を終始ずっとご覧になられた上で、「政府案にはまだまだ検討不足のところがあるようだ。政府の責任で全面的にもう一度見直し、案をもう一度提出し直すように」という命令を下されたのです。

そこで命令を受けた黒田内閣では伊藤を中心に、おそらく井上毅、伊東巳代治、金子堅太郎という事務方のみならず、大隈らの閣僚も加わり、検討が行われたのでしょう。その結果、約半年後の翌年一月に修正案が再度まとまります。

そして一月十六日、二回目の枢密院会議が開かれることになりました。注目すべきことは、ここで提出された修正案には議会の法案提出権が入れられていたことです。ただ、その代わりに、既に入っていた上奏権が落とされておりました。両方を主張していた者としては、入れるのなら両者一体が筋だと、激しい議論となりましたが、結果は僅差《きんさ》でこの修正案が認められることとなりました。

ところが、ここで不思議なことが起こったのです。引き続いて開催された二十九日の三回目の会議では、伊藤は何を考えたか、今度は前回提出案から落としていたところのこの上奏権を、改めて復活させたいと申し出たのです。

伊藤がどうして、それまで反対していた法案提出権と上奏権を、それも両者併せて突如認めるにいたったのか、その確たる背景はわかりませんが、おそらく裏でいろいろな政治駆け引きがあったのでしょう。この頃、後藤象二郎が農商務大臣に就任するということがありましたが、いうまでもなく後藤は政府反対派で三大建白運動、大同団結運動の中心人物でした。その後藤が閣内に入るのですから、そこになんの交渉もなかったと考えるほうが不自然です。つまり、そこでの取引材料にこの修正が使われたと考えられるのです。政府にとっては、ここまでくれば、むしろ挙国一致で新しい憲法政治の開始を迎えるというのが、至上命題になり始めていました。明治憲法は天皇が欽定される憲法です。その欽定憲法に国民の大多数が反対するというようなケースは、絶対にあってはならないことだったのです。

ともあれ、こうして明治憲法の最終的な案が固まったのでした。

明治天皇のご存在あればこそ生まれた憲法

明治天皇はこうした憲法制定の枢密院会議はもとより、憲法付属法の審議に対しても、一日も欠かすことなくご臨席なされました。

こうした会議にご臨席なされていたある日、「お子様（親王）がお亡くなりになられた」という突然の悲報が伝えられました。伊藤はすぐにこれを明治天皇にお伝えいたしました。ところが、そのとき天皇は伊藤を押さえて、「そのままつづけよ」とおっしゃられ、何事もなかったように審議をつづけられたのです。

審議が終わり、天皇がご退席なされた後、顧問官たちはようやくその事実を伊藤から知らされました。彼らが深く恐懼し、感激したことはいうまでもありません。天皇がいかに深くこの憲法のことを思われているか、その限りない深さが彼らにも認識できたからです。

天皇はこの枢密院の審議に一日のご欠席もなくご臨席なさいました。といって天皇は自ら発言するというようなことは一切なさいませんでした。ただ黙って座られ、顧問官たちが発言するのにひたすら耳を傾けられたのです。しかし、それは実に重要なことでした。それが井上のいう「しらす」ということでもありましたが、以下は葦津珍彦氏の手になる『大日本帝国憲法制定史』からの実に興味深い一節の引用です。

「これは『統治権を総覧』せられる日本の天皇の本質を、まことに印象ぶかく示された一記録である。おそらく外国人であれば……どの議員よりももっとも英知ある見識と能力とを示しうる国王を、英明の君主として讃《たた》へるであろう。しかし日本の国体では、天皇に対する期待は、決して英知英明ではなく、より格段に高いものがある。その会議に参集せる者のすべてに対して、より真摯《しんし》に、より熱心に、そのあるかぎりの能力をつくさせるやうに絶大の精神的影響を及ぼされることこそが、日本国の統治権総覧者としての天皇の任務なのである」

これは明治憲法の「統治権総覧」という言葉の意味についての、誠に本質をうがった卓抜《たくばつ》な解釈とも見ることができるのではないでしょうか。

ともあれ、この枢密院会議における天皇のお姿は、顧問官たちを心底より感動せしめるものであったようです。以下は『明治天皇紀』にある一節です。

「天皇臨御《りんぎょ》して其の議事を聴きたもうこと一日も闕怠《けったい》したもうことなし。季当《まさ》に炎暑の候に入り、烈日窓を射て聖体《せいたい》を直照することあるも、未だ曾《かつ》て其の暑を訴えたもうことなく、神色自若として能《よ》く其の議を聴き、少しも倦《う》ませたもうことなし。入御（御所にお帰りになられること）の後、更に院議の修正条項を徴せられ、其の議事の可否を考察したもうこと常に渝《かわ》らせられず」

枢密院での議論の結果、一つの方向性が出ます。しかし、それを正式決定とする前に、伊藤としてはそれを天皇がどのように思われているか、会議では先にも述べたように一言も発言なされないがゆえに、やはりどうしても知っておくべきだ、と思います。そこで側近の元田永孚に、「天皇はどんなことをおっしゃっていただろうか」と聞きにいくようなことが度々あったようです。

例えば、第二回の枢密院会議で「上奏権を取るべきか、法案提出権を取るべきか」が議論になりました。ところが、これに関して元田が漏らします。

「上奏、上奏と頻繁《ひんぱん》に天皇のところにそのようなものが提出されるというのは、実は大変に陛下に対して申し訳ないことなのだ。陛下は臣民からの上奏となれば絶対にそれをいい加減になさることはあり得ない。ましてや議会の上奏となれば、それはまさに国民の公論に他ならない。実に重く受け止められる。にもかかわらず、それを議会の当然の権利だからとて、頻繁にやられたら、陛下のご宸襟《しんきん》をお悩ませすること尋常なものではない。天皇にとってはそれは格段に重いものなのだ」

天皇の大御心を理解するということがどれほど大切なことか、伊藤は改めて知ることになったに違いありません。これは法案提出権にもいえることでした。それを認めた結果、たとえおかしな法案が議会を通ることになったとしても、そんなものは天皇が拒否権を発動されて却下されればそれで済む話だ、と主張する論者がおりました。

しかし、これも国民の声にひたすら耳を傾けようとされる天皇の大御心を考えれば、あり得る話ではなかったのです。西洋の君主ならいざ知らず、天皇の下にある議会が議決した法案を天皇自らが拒否するなどということはあり得ない。それが国民を徹底してご信頼あそばされるこの日本の、本来の天皇のお姿であったからです。

その意味では、憲法の条文原案をつくったのは伊藤や井上でしたでしょうが、それをこのようなさらに一段高い次元に引き上げたのが、この天皇のご存在であったというべきでしょう。天皇には政府方も反政府方もありません。そのそれぞれの尊重すべきよきところを採用されながら、その意見の異なる両者を、より高い次元で一つに統合されていかれるのが天皇のお役割であったのです。まさにそのような天皇がおられたればこそでき上がった憲法が、この明治憲法というべきで、まさに欽定憲法なのでした。

第一条と第三条で描かれた天皇像

これまでにも何度か触れてきましたが、第一条は「大日本帝国は万世一系の天皇之を統治す」と規定し、天皇を君主とする君主制であることを謳っています。

明治憲法の解説書ともいうべき『憲法義解』は井上毅の手により、後に伊藤博文の名で出版されましたが、ここではこの一条について次のような解説がなされています。

「恭《つつしみ》て按《あん》ずる（考える）に、神祖開国以来、時に盛衰ありと雖《いえども》、世に治乱ありと雖、皇統一系宝祚《ほうそ》（天皇の位）の隆は天地と與《とも》に窮《きわまり》なし。本条首《はじめ》に立国の大義を掲げ、我が日本帝国は一系の皇統と相依て終始し、古今永遠に亘《わた》り、一ありて二なく、常ありて変なきことを示し、以て君民の関係を萬世に昭《あきら》かにす」

天皇こそ国家根本中の根本、伊藤博文がいうところの「国家の機軸」に他ならないというのです。それがここにいう「立国の大義」ということでもあります。

井上毅が学んだ『日本書紀』には次のような一文が記されています。

「豊葦原《とよあしはら》の千五百秋《ちいほあき》の瑞穂《みずほ》の国は、是れ吾が子孫《うみのこ》の王《きみ》たるべき地なり、宜しく爾皇孫《いましすめみま》就《ゆ》きて治《しら》せ。行矣《さきくませ》、宝祚《あまつひつぎ》の隆えまさむこと、當《まさ》に天壌《あめつち》と窮りなかるべし」

これは「天壌無窮の神勅」といわれる部分で、要約すると、「この日本国の中心は天照大御神の子孫たる天皇であり、その天皇がこの国を統治すれば、天地がつづく限り、日本は永遠に栄えるであろう」という意味です。

このような「神勅」を背景とする国民的確信を、国家の基軸として憲法の冒頭に持ってきたところに、明治十五年以来、改めて日本の国史国典を学び、それにより日本固有の国家の成り立ちを憲法に示すことに、憲法作成の中心的な課題があると考えるにいたった、井上の意図を窺い知ることができます。

またここにある「万世一系」という言葉は、井上や伊藤がはじめていい出したことではなく、「万世一系思想」というものが既に幕末から存在していた、という話であることも指摘しておかねばなりません。冒頭にも書いたことですが、例えば水戸学の祖といわれる会沢正志斎は『新論』で「神州は太陽の出《い》ずる所……天日之嗣《てんじつのし》、世々《よよ》宸極《しんきょく》を御《ぎょ》し、終古易《かわ》らず」と書きましたし、本居宣長もまた「本朝の皇統《こうとう》は、すなはち此の世を照しまします、天照大御神の御末にましまして、かの天壌無窮の神勅の如く、萬々歳の末の代までも、動かせたまふことなく」と書いておりました。そうした思想の流れが、ここに憲法の言葉として結実したということなのです。

幕末、吉田松陰をはじめとした志士たちは「これこそが日本の国体である」として王政復古・明治維新へと突き進んでいったのです。坂本龍馬もこの思想を受けて船中八策で「天下ノ政権ヲ朝廷ニ奉還セシメ、政令宜シク朝廷ヨリ出ヅベキ事……」と書きました。さらに大政奉還を決した際、徳川慶喜は「政権を朝廷に返還し広く天下の公議を尽くして陛下の聖断を仰ぎ……」と述べています。

つまり、井上は当時、このようにして志士たちの間に行き渡っていた日本の国体に対する確信、さらにいえばその根底となった「天壌無窮の神勅」に対する国民信仰をこの憲法の中に受け継ごうとしていたともいえるのです。

形式だけではない天皇の権威

明治憲法ができ上がったとき、井上毅は歌を詠みました。

外《と》つ国《くに》の千種の糸をかせぎあげて大和錦《やまとにしき》を織りなさばやな

海外産のいろいろな糸を紡《つむ》ぎ、日本固有の大和の錦を織ったことよ、という意味でしょうが、まさにかくしてわが国ならではの憲法になったのでした。

同じ君主制といっても、イギリスやドイツの憲法と大きく違うのは、そのような西洋流の君主とは根本的にあり方の異なる日本固有の天皇のご存在の捉え方でした。その捉え方は実をいえば、肝心の伊藤と井上でも微妙に異なるものがありました。参考までに、それをもう少し具体的に説明してみましょう。

伊藤はこう考えます。

「憲法上、天皇はこの国を統治されることになっている。しかし、それは天皇がすべてに対し能動的に自ら政略を指揮されるという意味ではなく、天皇は諸大臣の補弼《ほひつ》をもってそれを行なわれるということだ。その意味で、もちろんすべては天皇の権威の下に行われるのではあるが、統治の実質はこの諸大臣（つまり内閣）の補弼の中にあるのであって、それゆえにすべての責任は諸大臣が負い、天皇が責任を負われることはない。それが憲法における天皇のお立場である」

つまり、政治運営の実質上の主体はあくまでも内閣にあるのであって、天皇にあるのではない、というのが伊藤の天皇に対する考え方だったのです。今日では常識の立憲君主制観でしょう。一方、井上は天皇の役割をもっと積極的に考えようとしました。

井上は歴史を学び、「しらす」という天皇の理念に思いいたりました。それは決して天皇が権力を持ってこの国を支配しようとするものではなく、まず国民の心を知ることによって、国民の幸せを祈ろうとされるのが、この「しらす」ということでした。それゆえ、もちろん井上もまた、天皇にドイツ皇帝流の能動的な政治的役割を想定したわけではありません。ただ、井上はその一方、こうした天皇の「精神的な権威」がもっと発揮されるような君主制のあり方を考えようとしたのです。

井上は自らの草案に、「日本帝国は万世一系の天皇の治す所なり」「天皇は内閣に臨御《りんぎょ》して万機を聴覧す」とあえて書きましたが、そこに井上のこのような独特な天皇観の表現を見ることができるような気がいたします。

先の枢密院における明治天皇のご存在のようなものへの認識、といえばよいでしょうか。伊藤はそのような天皇の精神的な側面を積極的に認めようとする立場ではありませんでしたが、井上の考えはそうではなかったのです。

と同時に、もし伊藤のいうような「大臣輔弼論」を文字通りに解釈運用するようなことになれば、憲法における「君主の統治権」はこれによって制限されるということにもなり、その一方で、内閣がむしろ天皇とは一線を画された「独立の一機関」となってしまうようなことにもなる。しかし、あくまでも内閣は「天皇の内閣」であるべきであり、天皇と内閣は常に一体のものであるべきである、と憲法論上からも伊藤に対し主張したのです。

とはいえ、そうした中で明治憲法は成立したのでした。

大日本帝国憲法発布

枢密院での審議は明治二十二年一月に終了し、二月十一日、すなわち神武天皇建国のその日、宮中正殿で明治憲法は発布されることとなりました。

この日は前日からの雪で東京は一面の銀世界でした。

まず明治天皇は賢所《かしこどころ》に渡御《とぎょ》され、皇祖神の大前において、皇室典範及び憲法が制定されたことを奉告されました。次いで皇霊殿《こうれいでん》においては告文を奏され、歴代の天皇に奉告されました。つまり、皇祖・天照大御神をはじめ歴代天皇の御神霊に対し、「憲法ができました」と自ら奉告をなされたのです。

この告文を作成したのは井上毅でした。井上が明治十五年、ドイツ主義の憲法草案を作成したときには、このような内容の告文を書くなどということは考えもしなかったことでしょう。しかし、以後の国史国典の研究の結果、井上もまたこの告文に示された精神こそが、明治憲法の「魂」であることを確認したのです。それは、この典範・憲法をもって、皇祖皇宗が遺された「不文の憲法」を現代の法律の形に改めたものとする思想に他なりませんでした。まさにこの井上の存在なかりせば、この国体思想の結晶たる告文もなかった、ということです。
少し長くなりますが、全文を紹介してみましょう。

皇《すめら》朕《わ》レ謹ミ畏ミ
皇祖　皇宗ノ神靈ニ誥《つ》ケ白《もう》サク皇朕レ天壤無窮ノ宏謨《こうぼ》ニ循《したが》ヒ惟神《かんながら》ノ寶祚《ほうそ》ヲ承繼シ舊圖《きゅうと》ヲ保持シテ敢テ失墜スルコト無シ顧ミルニ世局ノ進運ニ膺《あた》リ人文ノ發達ニ隨ヒ宣ク
皇祖　皇宗ノ遺訓ヲ明徴ニシ典憲ヲ成立シ條章ヲ昭示シ内ハ以テ子孫ノ率由《そつゆ》スル所ト爲シ外ハ以テ臣民翼贊ノ道ヲ廣メ永遠ニ遵行セシメ益々國家ノ丕基《ひき》ヲ鞏固《きょうこ》ニシ八洲民生ノ慶福ヲ增進スヘシ茲《ここ》ニ皇室典範及憲法ヲ制定ス惟《おも》フニ此レ皆
皇祖　皇宗ノ後裔《こうえい》ニ貽《のこ》シタマヘル統治ノ洪範《こうはん》ヲ紹述《しょうじゅつ》スルニ外ナラス而《しか》シテ朕カ躬《み》ニ逮《および》テ時ト倶ニ擧行スルコトヲ得ルハ洵《まこと》ニ
皇祖　皇宗及我カ
皇考ノ威靈ニ倚藉《いしゃ》スルニ由ラサルハ無シ皇朕レ仰テ
皇祖　皇宗及
皇考ノ神祐ヲ禱《いの》リ併セテ朕カ現在及將來ニ臣民ニ率先シ此ノ憲章ヲ履行シテ愆《あやま》ラサラ

ムコトヲ誓フ庶幾《こいねがわ》クハ
神靈此レヲ鑒《かんが》ミタマヘ

この告文につづき、発布勅語、上諭、そして条文となります。

発布式の後は練兵場で大観兵式が行われ、夜は引き続き祝宴が開かれました。

こうした儀式とともに、伊勢の神宮、畝傍御陵《うねびごりょう》（神武天皇陵）、東山陵《ひがしのみささぎ》（孝明天皇陵）には勅使を派遣されて、憲法ができた旨の奉告をされました。

それとともに、亡くなった岩倉具視、木戸孝允、大久保利通、山内豊信《やまのうちとよしげ》（容堂《ようどう》）、毛利敬親《たかちか》、島津久光、鍋島直正《なべしまなおまさ》など、物故《ぶっこ》の重臣の墓前にも勅使を遣わせられ、憲法発布のことを告げさせせられました。

明治天皇にとっては、「明治維新が行われ、憲法発布にいたるまでこの日本を支えた臣下たち。この者たちがおってくれたればこそ本日の盛典があるのだ。なんとしてもこの者たちに報告せねばならない」というお気持ちだったのでしょう。宮中では儀式のために多忙を極めたこともあり、日を改めてこの報告の儀は執り行いたいとの意向だったとされますが、明治天皇から「この日でなければならぬ」と改めてご厳命があり、宮内大臣は恐懼してこれに従ったといいます。

さらに加えて、明治維新を導いた志士たち、西郷隆盛をはじめ、吉田松陰、藤田東湖、佐久間象山《さくましょうざん》などにも、特旨《とくし》をもって贈位がなされることになりました。この憲法はまさに明治維新を導いた「尊皇」と「公議」の精神に源流するものであることが、この一事によっても示されたのです。

また同時に、五百四十名もの政治犯に大赦《たいしゃ》が行われました。

内外から賞讃された明治憲法

明治憲法が発布されてまず国民は驚きました。多くの国民はもっと専制主義的な憲法が発布されると思っていたからです。ところが出てきたのは、臣民の権利、議会の権限がほぼ要求通りといってもよいほど認められた憲法であったのです。その意味で、識者の評価も高いものでした。そのうちの一人、大隈系の民権派憲法学者で後に早稲田大学の総長ともなる高田早苗《さなえ》は、こう書きました。

「余は大日本帝国憲法を良憲法と思うなり。聞きしに優る良憲法と思うなり。未だ憲法の発布せられざる日に当たりて、世間に種々の風評を為す者ありき。……余は……殊に心痛したりしが、今に至りて回想し、杞憂《きゆう》に過ぎざりしを覚悟したり。（中略）余はこの良憲法を制定し給い、発布し給いたる、天皇陛下の厚恩を謝し奉らんと欲するなり。余は天皇陛下の顧問となりて、この良憲法を起草し、評定したる伊藤議長、及顧問官諸氏の労をねぎらわんと欲するなり。日本人民はこの帝国憲法を貴重せよ。徒《いたずら》に改竄《かいざん》を求むる勿《なか》れ。日本人民はこの帝国憲法の與《あた》えたる権利を、有効ならしめよ。徒に未だ得ざる者を希望する勿れ。宝祚《ほうそ》万歳、国民多福、帝国家法万々歳」

後に総理大臣となる犬養毅《いぬかいつよし》は、この頃は最も急進的な民党第一の論客として著名でしたが、ただ天皇の高い徳によって諸外国に比類なき美しい立憲史が東洋ではじめて出現したと、それを誉め讃える以下のような文章を書きました。

「今や憲法制定、実に東洋万邦生民以来、未だ曾《かつ》て有らざる所、而して我邦永く之が儀表《ぎひょう》となり、万邦をして以て則る所あらしむ。然《しか》らば則《すなわ》ち東洋万邦の黎民《れいみん》、洽《あまね》く陛下の徳沢に浴せん。何ぞ独り我臣民の幸のみならん。……安《いずくん》ぞ知らん、東洋先覚の邦、黄種の民、茲《ここ》に聖天子を奉じ、此の自由政体を開創し、以て東方を風靡《ふうび》せんとは。欧州の文物、何ぞ彼れ独り其美を前に擅《ほしいまま》にするを得ん。我臣民たるもの、其れ之を懋《つと》めん哉《や》。或《あるい》は逸豫《いつよ》以て、聖天子の休命を曠《むなし》うする勿《なか》れ」

憲法発布後、金子堅太郎が世界の政治家や法律学者に感想を聞いて歩くということがありました。ダイシーという有名なイギリスの憲法学者は、こういって明治憲法の内容を評価したといいます。

「日本憲法中、財政の篇を熟読し、其独逸《ドイツ》流を採用して、英国議院の財政監督権を採用せざるを見て、大に日本憲法の鞏固《きょうこ》善良なるに敬服せり。……故に日本政府は、英国政府の如く財政案議決に付き、国会の鼻息を伺い、其の否決に因て内閣の更迭《こうてつ》を来すの患を免れたるは、英国憲法より一層優《まさ》りたるものと謂《い》うべし」

これは明治憲法の予算が議会で否決された際の「前年度予算執行」の規定を評価した

ものですが、これにより日本は英国が陥っている政治的問題をむしろ解決する道を示した、とさえ賞讃しているのです。イギリスを代表するともいえるこの憲法学者が、英国型ではなくむしろドイツ型にしたのがよかった、という評価を下しているのには意外の感さえ抱かされるところです。

一方、明治憲法をドイツ主義に基づくものと認めながらも、そこにイギリス立憲主義の精神もまた見出すことができる、とした学者もおりました。フランスのルボンという学者は「日本の憲法は全く日耳曼《ゲルマン》主義に基づきたるものなることを信ず。しかれども、その精神を探求すれば、英国の主義も余程その中に包含せられたり」としましたし、イギリスのアンソンという学者は「予は日本憲法の精神を以て、全く英国憲法の主旨に適合せるものなりと云わんとす」と指摘しました。議会の権利を大幅に認めた明治憲法の議会主義的側面を認めたのです。

それとともに、伊藤がかつて学んだシュタインは、明治憲法の日本的側面を大きく評価しました。とりわけ彼が強調したのは告文と勅語の素晴らしさでした。

「殊《こと》に憲法発布の告文並びに勅語を憲法の一部分として発表せられたるは、極めて妙案と謂《い》うべし。何となれば之が為に皇室と臣民の間に存する密着の関係につき、争うべからざるの事実と、陛下の聖衷より断じて憲法を恵賜《けいし》し玉いたるの精神とを証明し、永く藹然《あいぜん》たる和気の存するを確保するに足るのみならず、告文、並びに勅語其の物は、極めて日本の為に利益あるの感情を喚起《かんき》せしむればなり」

これはグナイストも同じく高く評価した部分ですが、ここではそれを省き、あえてアメリカの後の連邦最高裁判事ホームズの言葉を補足してみることにします。アメリカの法律専門家の中にもこのような評価があったという一例です。

「この憲法につき、予がもっとも喜ぶ所のものは、日本憲法の根本は、日本古来の歴史、制度、習慣に基づき、而してこれを修飾するに、欧米の憲法学の論理を適用せられたるにあり」

井上毅の徳義論——相譲るの精神をもって憲法を運用すべし

明治憲法が発布され、翌二十三年、いよいよ議会が開かれるというとき、井上毅は山県有朋に心魂込めた書を呈しました。この憲法を総理大臣としていかに運用していくべきか、という井上渾身《こんしん》の建白の書簡でありました。

曰《いわ》く——「立憲の政は官民相譲《あいゆず》るの徳義を以て精神とするものにして、決して単純なる法律的作用を以て視るべからず」と。

憲法はできたけれども、憲法の運用というものは、単に表面的な法律的解釈をもって能事足れりとするものではない、としたのです。——「憲法は単一の法律に非ずして専《もっぱ》ら徳義に依《よ》りて成立するものなり。故に立憲の美果を収むるは憲法の条文のみにあらざるなり」と、井上はまた前任の黒田清隆にも書いておりましたが、要するにこれからは運用する者の「徳義」が問われるのだ、と強調したわけです。

それでは、その「徳義」とはなんでしょうか。井上はさらにつづけます。

「今日各政党の主張する所の政綱《せいこう》なるものを見るに……条約改正、政費節減の説の如きは、実に政府の為さんと欲して未だ能《あた》わざるの事なり。若《も》し朝野心を合わせ、共同目的を一致することを得ば、政府は議会の建議を採用することを妨げざるべきのみならず、ときありては輿論《よろん》の勢力を利用して、以て改革を断行するの機を為すも可なり」

憲法はできた。しかしただ字面だけを取り上げて、それを自らの主張の根拠に足を引っ張り合うような低次元のことをしているだけでは、決して立憲制というものは機能しない。憲法は憲法のみでは成り立たず、そこには相手の立場を認め、国家発展のために相協力し合うという精神が要求される、というのです。それが井上のいう「徳義」でした。要は「官民相譲るの精神」ということになりましょうが、井上はかかる心構えの重要性もまた説いたということなのです。井上起草の憲法という視点で考えるとき、このことは決して軽視されてはならないポイントだとも考えます。

第一回議会開会早々、議会は野党たる民権派政党が予想以上の圧倒的多数を占め、早くも政府提出の予算案には「巨大な壁」が立ちはだかろうとしておりました。これに対し、井上は次のように山県に説いたのです。

議員はみな愛国者たちだ。その愛国の心に語りかければ、必ず彼等は自分たちの党派の利害を主張するだけでなく、必ず国家を第一義とする立場でこれに応えてくれるに違いない。彼等は敵ではない。同じ臣民であるという思いをもって、この日本の難局を説くべきである。それはただ国家周辺の国防上の危機を説き、軍事予算の必要を説くというだけではない。むしろ政府支出には無駄がたくさんある。そういう冗費《じょうひ》のようなものをむしろ率先して節減することをし、まず自らの身を正し、共に国家のために献身するといった徳義ある姿勢を、まず政府が率先実践して見せることだ。そうすれば、必ずや彼らは政府の意のある所を理解し、この難局は切り開かれていくに違いない。

こうした井上の「徳義論」が、実際に政治の場で生かされたことがありました。日清戦争の前年である明治二十六年、大規模な軍事予算を組まなくてはならなくなったとき、議会はそれに反対し、時の首相・伊藤博文は立ち往生したのです。議会は内閣不信任上奏案を提出、それに対して政府は議会の停会をもってこれに応ずるなど、対立は膠着《こうちゃく》状況に陥りました。いわば国家の危機であるとともに、早くも日本は立憲政治の危機に直面しようとしていたのです。このとき、井上毅の建策により、天皇陛下から勅語が渙《かん》発《ぱつ》されるのです。

これは「和協の詔勅《しょうちょく》」と呼ばれるものですが、単に政府と議会の「和協」が命じられたのみならず、戦争を目前に控え必要とされる製艦費補助のために、まず天皇が自ら宮廷費を省き、そこから毎年三十万円を六年間下付するとともに、文武官僚もまた同期間、その俸給の十分の一を国家に献納するという、まさに井上の説いた関係者「率先」の徳義がここに示されたものでした。むろんこれを受け、議会が軍事予算を認めるにいたったことはいうまでもありません。まさに「官民相譲るの精神」がこの天皇の詔勅によって実現したのです。

しかし残念ながら、こうした精神論はいつの世も、時の経つとともにいずれ消えゆく運命にあったことは否めません。井上の警告にもかかわらず、憲法の文言は単なる法律条文以上のものではなくなっていき、その背景にそれを活かす「徳義」を見、その重要性を説こうとする者がいなくなっていくのは否めない現実でした。

平成のいま、時代は変わり、憲法も根本的に変わっていきます。しかし、新たに憲法論議が起こっているいまこそ、こうした井上の徳義論に立ち返り、改めてこのような精神の問題に目を向け直してみるのも、意義のあることではないでしょうか。

最終章

日本国憲法を考える

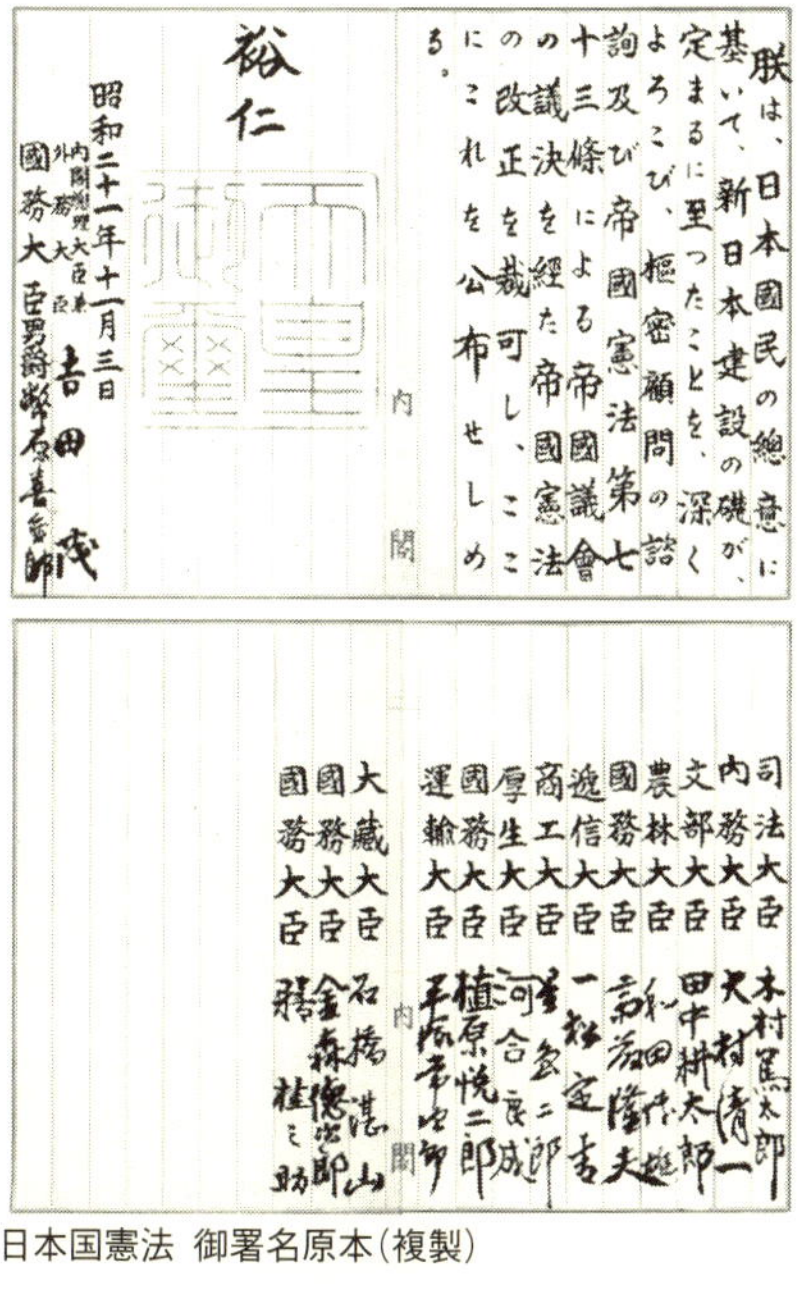

朕は、日本國民の總意に基いて、新日本建設の礎が、定まるに至つたことを、深くよろこび、樞密顧問の諮詢及び帝國憲法第七十三條による帝國議會の議決を經た帝國憲法の改正を裁可し、ここにこれを公布せしめる。

裕仁

昭和二十一年十一月三日

内閣總理大臣兼外務大臣 吉田茂

國務大臣 男爵 幣原喜重郎

司法大臣 木村篤太郎

内務大臣 大村清一

文部大臣 田中耕太郎

農林大臣 和田博雄

國務大臣 齋藤隆夫

逓信大臣 一松定吉

商工大臣 星島二郎

厚生大臣 河合良成

國務大臣 植原悦二郎

運輸大臣 平塚常次郎

大藏大臣 石橋湛山

國務大臣 金森德次郎

國務大臣 膳桂之助

日本国憲法　御署名原本（複製）

日本国憲法は本当の憲法ではない

ここまで明治憲法の成立にいたるまでの過程について話してまいりました。

黒船来航以来、先人たちはこの日本という国家の現状をどう捉えるか、またどうすれば国民の力を一点に結集し、独立の近代国家を建設していくことができるか、ということをさまざまな立場で真剣に考え、またそのために、例えば「尊皇」とか「公議」とかいった主張を掲げ、行動してきたということです。憲法制定にいたるまでの過程というのは、まさにそのような先人たちにより織りなされてきた「思想と行動の物語」に他ならなかった、といっても過言ではありません。

序章でも触れたように、明治憲法はとりわけ、そうした「明治維新の精神」を明治新国家の政治過程の中でさらに発展させ、形にしようとしたもの、ともいうことができるのかもしれません。

憲法を英語でいえばコンスティチューション、つまり国家の構造、国家の成り立ちという意味になります。その意味で、明治憲法はあくまでそのような「近代日本国家の成り立ちにかかわるもの」ともいうことができるでしょう。

ひるがえって、現在の日本国憲法はどうでしょう。

結論からいいますと、私は現在の日本国憲法は本当の憲法ではないのではないか、と考えています。もちろんこの憲法には評価すべき点も一部あることは事実です。しかし、この憲法はむしろ先の戦争でわが国を敗北させたアメリカが、この日本という国を二度と「脅威」にならない国にする、つまりその力を削ぎ、弱体化することを目的として日本に強要したもの、というのが本質だと思うのです。

では、そのどこに最も問題とすべき重大ポイントがあるのか、あるいはそのどこがこの憲法を本当の憲法たり得なくさせている致命的な問題点なのか、もう少しこの日本国憲法を見直してみることにいたしましょう。

アメリカの政治文書をツギハギした前文

意外なことに、この日本国憲法の前文を「素晴らしい文章」と評する論者もこの日本にはいるようです。しかし、日本国憲法の政府案が発表されたとき、アメリカのセオドア・マクネリーという大学教授は、その内容に違和感を感じました。とりわけ前文を読み、

前文原案とその典拠となった文書（セオドア・マクネリー教授作成）

〈1946年3月6日の草案の前文〉

われら日本国民は、正当に選挙された国会における代表者を通じて行動し、われらとわれらの子孫のために、諸国民との協和による成果と、わが国全土にわたって自由のもたらす恵沢を確保し、政府の行為によって再び戦争の惨禍が起こることのないようにすることを決意し、ここに国民意思の主権を宣言し、この憲法を制定し確定する。

そもそも国政は、国民の厳粛な信託によるものであって、その権威は国民に由来し、その権力は国民の代表者がこれを行使し、その福利は国民がこれを享受する。これは普遍的な原理であり、この憲法は、かかる原理にもとづくものである。われらは、これに反する一切の憲法、法令及び詔勅を排除する。

〈上掲文章を思いつかせたと思われる原文〉

［アメリカ憲法］

われら合衆国国民は、一そう完全な連邦を形成し、正義を樹立し、国内の平安を保障し、共同の防衛に備え、一般の福祉を増進し、われらとわれらの子孫にたいする自由の恵沢を確保する目的で、アメリカ合衆国のために、この憲法を確定する。

［リンカーンのゲティスバーグの演説］

人民の、人民による、人民のための政府は、この地上から滅びないであろう。

［マッカーサー元帥が憲法にふくましめようとした『三項目』］

日本は、その防衛と保護を、いまや世界を動かしつつある崇高な理想に委ねる。

われらは、恒久の平和を念願し、いまや人類を動かしつつあり且つ人間相互の関係を支配する崇高な理想を十分に自覚するのであって、われらの安全と生存を、平和を愛する諸国民の公正と誠実に委ねようと決意した。

われらは、平和を維持し、専制と隷従、圧迫と偏狭を地上から永遠に除去しようとくわだて且つつとめている国際社会において名誉ある地位を占めたいと思う。

われらは、あらゆる国民が、恐怖と欠乏から免かれ、平和のうちに生存する権利を主張しかつ確認する。

われらは、いずれの国民も、自国民のことのみに専念して、他国民を無視してはならないのであって、政治道徳の法則は、普遍的なものであり、この法則に従うことは、自国民の主権を維持し、他国民と対等関係に立とうとする各国民の責務であると信じる。

われら日本国民の名誉にかけ、断固たる意思と全力をあげてこの崇高な主義と目的を達成することを誓う。

（一、天皇制の改革　二、戦争放棄　三、封建制の禁止）

［三国のテヘラン会議宣言］

われらは、その国民が、われら三国国民と同じく、専制と隷従、圧迫と偏狭を排除しようとつとめている、大小すべての国家の協力と積極的参加を得ようとつとめる。

［大西洋憲章］

六、ナチの暴虐を最終的に破壊した後で、両国は、あらゆる国民にたいし、その国境内で安全に居住する手段を与え、かつ、あらゆる国のあらゆる人々が恐怖と欠乏から免かれてその生を全うしうるという保障を与える、平和が確立されることを希望する。

［独立宣言］

われらは、互にわれらの生命、財産およびわれら神聖な名誉にかけ、神の摂理の保護につよく信頼してこの宣言を擁護することを誓う。

「これはちょっとおかしいぞ」と強い疑問を持ち、改めてこれに関する論文を発表したのです。それはこの前文が、すべてアメリカの政治文書を糊《のり》と鋏《はさみ》でツギハギしたものに過ぎない、ということでした。果たしてこんな主体性を欠いた内容で「日本国の憲法」などということができるのか、とマクネリー教授は考えたのではないでしょうか。

この比較表はそのマクネリー教授が作成したものですが、冒頭はアメリカ憲法前文からとったもので、次はリンカーンのゲティスバーグの演説、マッカーサー・ノートさらにテヘラン会議宣言、大西洋憲章……独立宣言といった具合につづきます。

むろん、ここには日本の歴史、文化、伝統にかかわるものが何一つ記されておりません。この憲法はそうしたものを全否定することが目的だったのだから、それは当然のことだとあえてこれを正当化する人もおります。しかし、本当にこれでなんの問題もないのでしょうか。憲法はその国の国民にとり、「国民的確信」にかかわる文書であるべきです。にもかかわらず、ここにはそうした日本人の信念にかかわるようなものは一切存在しません。とすれば、ここを改めない限り、この憲法は「日本国の憲法」というにはあまりにも問題のある憲法、ということになるのではないでしょうか。

マクネリー教授の比較表に話を戻します。

日本国憲法の前文はアメリカ憲法の前文を典拠としたものですが、にもかかわらずというべきか、アメリカ憲法前文にある重要な語句が抜かれています。

それは、「正義を樹立し」「国家の平和を確保し」「共同の防衛に備える」という、アメリカ憲法にとっては最も肝心なポイントともいうべき語句です。

つまり、この三点を当然の前提とし、その上に「福祉」「自由」ということが説かれているのがアメリカ憲法の前文だとしたら、日本国憲法はその重要ポイントを欠かされたままで、「自由」だ、「平和」だ、「福祉」だということを主張しているということなのです。果たしてこれをどう考えるべきなのでしょう。

日本国憲法が発表されたとき、アメリカの雑誌「タイム」は「ウイ・ザ・ミミックス」という特集を組んだといいます。当時の政府原案の書き出しは、英語では「ウイ・ザ・ジャパニーズピープル」ですが、これはアメリカ憲法前文の書き出しそのものを真似たもので、ならば特集のタイトルは「ウイ・ザ・ミミックス」、つまり「我ら物真似上手」がお似合いではないか、とされたのです。

これはまさにブラック・ジョークというべきですが、一体お前たちには誇りというものがあるのか、と問われたということだと思うのです。恥ずかしくないのかと。日本国憲法にあるのは日本の歴史、伝統ではなく、統治国であるアメリカの「日本はかくあれ」という一種の政治説教であったわけですから。

戦後すぐに出された外務省総務局文書には以下のような記述があります。

「イ、従来政府案として巷間《こうかん》に伝えられて居ったものとの懸隔《けんかく》余りに甚《はなは》だしき為、奇《き》異なる感情を抱き、且《か》つ草案成立の経緯に関しても、一種の好奇心とも言うべきものを抱《い》いて居る。／ロ、草案の表現措辞《そじ》が難渋《なんじゅう》であり、翻訳的な印象を与え居ること、竝《ならび》に『戦争抛棄《ほうき》』なる奇異なる規定が、特に右の感情を強めたことからして、結局自国の憲法草案というよりは、寧《むし》ろ条約草案なりとの印象を与えられたこと」

これは日本人が書いた憲法草案ではなく、おそらく占領軍に書かされたものだろうという、当時の当局の観測を暗に示したものといえるでしょう。

また当時、『東京新聞』は占領軍の検閲により自分たちの意見を書けないため、「憲法草案と米国世論」と題し、米国の論調を紹介するという形で、この憲法に対する興味深い問題提起をしようとしています。

「日本の新憲法草案についての米国世論の反響は、一言にしていえば、その民主主義的性格に好感を持ちつつも、これが日本人自身の経験より生まれたものではなく、やはり上から与えられたものであることを指摘し、新憲法に盛られた民主主義的精神が、日本国民の生活に浸透するまでは厳重監視の要ありとなしている。この点で、日本国民の再教育と、長期にわたる日本占領が必要であることは、殆《ほとん》ど各新聞の論調が一致している所である」

米国世論においては、新憲法はできたがこれは日本人自身の経験より生まれたものではなく、いわば上から与えられたものだから、今後もっと監視し、再教育しなくてはいけない、そのために長期にわたる占領もまた必要になろう、と米国世論は指摘しているというのです。それを自分たちではストレートに書くことができないので、アメリカの新聞の論調を借りた形で書いているわけです。これはたしかに微妙な記事ではあったとしても、占領軍には検閲による削除はできなかったでしょう。

国家の権利を放棄した第九条

アメリカ憲法前文で、肝心な三つの語句が抜かれてしまっていることについては先に触れましたが、それは憲法第九条の内容にもつながっていきます。そのもとになっているのは「マッカーサー三原則」といわれるものですが、その二番目には次のような原則が書かれているのです。

「日本は、紛争解決のための手段としての戦争、および自己の安全を保持するための手段としてのそれをも放棄する。日本はその防衛と保護を、今や世界を動かしつつある崇高な理想に委ねる。いかなる陸海空軍も決して許されないし、いかなる交戦者の権利も日本軍には決して与えられない」

戦争をする権利というのは、国際法的にはどの国も持っている権利です。それを自国の安全を保持するものをも含め、すべて放棄するとしているのです。ならば、どうするかといえば、「今や世界を動かしつつある崇高な理想に委ねる」と。

そして最も重要なのは、「いかなる陸海空軍も決して許されないし、いかなる交戦者の権利も日本軍には決して与えられない」としていることです。つまり、「許されない」「与えられない」というのです。

この部分が憲法第九条のベースとなったことは明らかです。日本国民が自ら望んで軍を持たない、交戦権も放棄する、と決意したわけではなく、マッカーサーが「許されない」「与えられない」としたのです。それははっきりいって、日本の国家意思の否定以外の何ものでもないと思うのです。

日本国憲法は世界に類をみない「平和憲法」だといわれます。しかし、本当にそうなのでしょうか。むしろもとを正せば「武装解除憲法」と呼ぶのがふさわしい内容なのではないでしょうか。それを「平和憲法」といったとたん、実はこの憲法の本質が見えなくなってしまう、という話だと思うのです。

明治憲法成立の精神を知り、これからの日本の憲法を考える

戦後、明治憲法は「君主独裁の専制憲法だ」ということが盛んにいわれました。それ

は「前の明治憲法はひどかったが、今度の憲法はたとえアメリカから押しつけられたものであっても、それに比べればこんなに素晴らしいからだ」ということをいうための材料として使われたという側面があったと思います。

これに対して、現在では学問の世界でも徐々に見直しが始まっており、「果たしていままでいわれてきたことは正しかったのだろうか」という慎重な見方があらわれ始めていることは、私のような者にとっても、実にうれしいことです。

冒頭にも触れましたが、「明治憲法はどのようなものかご存じですか」と聞かれても、おそらく大抵の人は「ハイ」とは答えられないでしょう。せいぜい「君主専制憲法だ」とか「絶対主義憲法」といった意図的に張られた否定的なレッテルを知っているだけだと思います。しかし、それでは明治憲法のみならず、明治という時代に対しても、正しい認識が持てるはずがありません。私はそれを実に残念に思うのです。

とはいえ、私は明治憲法をそのまま復活させよ、というような主張をなす者ではありません。現代から百二十年以上前につくられた明治憲法には、いまから見れば足りないところ、不完全なところが多分にあります。例えば、明治憲法には「内閣」の位置づけがありませんでした。あるいは「統帥権の独立」といった解釈が勝手になされてしまった、という部分もあります。また、戦争はどこまでを軍がやり、一方どこを政府が受け持つか、そこが曖昧《あいまい》だったため、昭和になって総理大臣すら戦争に口出しできない状況が生まれた、という限界もありました。

だから、冒頭の佐々木惣一博士は、昭和天皇のご下問にお答えし、「明治憲法は改正の要あり」とし、そのための改正案を作成し、提出したのです。しかし、本書をここまで読まれた方々にはもう充分お分かりだと思います。

独立国家としての日本をつくるという気概を持って、政府も民権派も立憲制確立に取り組みました。もちろん憲法ができ上がるまでには厳しい朝野の対立もありました。ただ、政府は決して独裁や弾圧だけを考えたのではなく、民権派はただ自分たちの権利だけを考えたのでもありませんでした。そこには共通の「尊皇」と「公議」という目標がありました。それゆえ、厳しい政治的対立を経て、議論を尽くしたこの二つを組み込んだ憲法ができ上がると、これからはこの憲法を土俵にしての国会での戦いだと、あるいはともに力を合わせて立派な国家をつくっていこうと、この憲法の下に日本人全体がまとまっていくことになったのです。

先頃、自民党の憲法草案が発表されました。そこには、

「日本国は、長い歴史と固有の文化を持ち、国民統合の象徴である天皇を戴く国家であって……」

という一節がありました。

「戴く」という表現は前時代的だという議論も一部にはあったようですが、私は率直に評価します。

「長い歴史と固有の文化」や、どのように天皇を「戴いて」きたのか、ということについてはどれだけの突っ込んだ議論があったのかは知りません。しかし、それは以上に見てきたように、幕末から明治維新へ、そして明治維新から明治憲法の成立まで、わが先人たちがどのように考え、どのように戦い、行動してきたかを知るだけでも、かなりのことが明らかになるテーマだと思うのです。国家の危機に思いいたり、歴史をさかのぼり、天皇の有り難いご存在にも目覚め、その上で公議公論による国づくりをしようと、渾身の力を傾けてきたのが、わが先人たちでした。その先人たちが自らの脳髄《のうずい》を絞り出

すようにして憲法をつくり、その憲法に則って国家を築き、そしてその延長として今日の日本があるのです。

明治憲法がいかにつくられたか、それをつぶさに学んでみることは、日本国家のあり方を考え、これからのあるべき日本の憲法を模索していく上でも、大いに教えられるところがあると私は信じて疑わないものです。

あとがき

明治憲法（大日本帝国憲法）はこの六十数年、日本国憲法を讃えるという目的のために、ゆえなき不当な扱いを受けてきた、というのが私の認識です。戦後の社会科教科書が、明治憲法の「反民主主義的性格」なるものを列記した後、それに対して「日本国憲法はかくも民主主義的で……」といった記述をしていたこと（いまもおそらく変わっていないと思います）を憶えておられる方も多いと思います。私はこうした時代の風潮に対し、一貫して疑問を抱いてまいりました。憲法がそれぞれの時代的制約、あるいはそこからくる内容的限界を持つのは当然のことながら、これでは歴史に対する敬意、あるいは公平な見方など育つはずがない、と思ったからです。

そんな思いを抱きつづけてきた私に、この度、致知出版社のご好意で、前回の『教育勅語の真実』に引き続き、本書をまとめる機会をお与えいただきました。数多い専門書を別とすれば、実は明治憲法についてそれを評価する立場から、わかりやすく書かれた本は意外と見当たりません。そんな現状に対する私の話を聞かれた編集部の川久保守さんより、「是非ともそんな本を」というお勧めもいただき、ならばと「明治憲法物語」のような感覚で読んでもらえる本をめざしてみたい、と考えた次第です。

果たして冒頭に述べたような、明治憲法への不当な評価に「一矢」を報い得たかどうかは、読者のご判断にお任せする他はありません。ただ、明治憲法についてはまだまだ紹介すべき事実、論点が残っており、それを充分に組み込み得なかったのは、偏《ひとえ》に著者の力不足という他なく、お詫び申し上げる次第です。

可能な限り読みやすいものを、という本書の趣旨から、引用文には句読点、漢字、仮名遣いに限定し、少々手を加えました。その点、ご了承ください。

最後になりましたが、この貴重な機会をお与えくださいました致知出版社の藤尾秀昭社長、柳澤まり子編集部長はじめ関係の皆様に心より感謝申し上げます。

平成二十五年七月

伊藤　哲夫

《主要参考文献》

『大日本帝国憲法制定史』（明治神宮編　サンケイ新聞社）
『明治憲法成立史』上下（稲田正次　有斐閣）
『明治憲法制定史』上中下（清水伸　原書房）
『伊藤博文と明治国家形成』（坂本一登　講談社学術文庫）
『日本近代史講義　明治立憲制の形成とその理念』（鳥海靖　東京大学出版会）
『日本の近代1　明治国家の建設』（坂本多加雄　中央公論社）
『文明史のなかの明治憲法』（瀧井一博　講談社選書メチエ）
『明治憲法の思想』（八木秀次　ＰＨＰ新書）
『明治憲法史論・序説』（小林昭三　成文堂）
『井上毅と明治国家』（坂井雄吉　東京大学出版会）
『日本国家の近代化とロェスラー』（Ｊ・ジーメス　未来社）
『日本憲法史』（大石眞　有斐閣）
『明治憲法欽定史』（川口暁弘　北海道大学出版会）
『王政復古』（井上勲　中公新書）

〈著者略歴〉

伊藤哲夫（いとう・てつお）
昭和22年新潟県生まれ。新潟大学卒業。国会議員政策スタッフなどを経て、保守の立場から政策提言を行う日本政策研究センターを設立。所長を経て、現在代表。その他、日本会議常任理事、日本李登輝友の会常務理事。著書に『教育勅語の真実』（致知出版社）『憲法かく論ずべし』『憲法はかくして作られた』（ともに日本政策研究センター）など。

明治憲法の真実

平成二十五年七月二十日第一刷発行

著者 伊藤 哲夫
発行者 藤尾 秀昭
発行所 致知出版社
〒150-0001東京都渋谷区神宮前四の二十四の九
TEL（〇三）三七九六―二一一一
印刷 ㈱ディグ 製本 難波製本

ISBN978-4-8009-1003-5 C0037
ホームページ http://www.chichi.co.jp
Eメール books@chichi.co.jp